Coaching en diversiteit

Coaching en diversiteit

Een pragmatische kijk op modellen die werken

Marten Bos

Bohn
Stafleu
van Loghum

Springer Media

Houten 2013

© 2013 Bohn Stafleu van Loghum, onderdeel van Springer Uitgeverij
Alle rechten voorbehouden. Niets uit deze uitgave mag worden verveelvoudigd, opgeslagen in een geautomatiseerd gegevensbestand, of openbaar gemaakt, in enige vorm of op enige wijze, hetzij elektronisch, mechanisch, door fotokopieën of opnamen, hetzij op enige andere manier, zonder voorafgaande schriftelijke toestemming van de uitgever.

Voor zover het maken van kopieën uit deze uitgave is toegestaan op grond van artikel 16b Auteurswet 1912 j° het Besluit van 20 juni 1974, Stb. 351, zoals gewijzigd bij het Besluit van 23 augustus 1985, Stb. 471 en artikel 17 Auteurswet 1912, dient men de daarvoor wettelijk verschuldigde vergoedingen te voldoen aan de Stichting Reprorecht (Postbus 3051, 2130 KB Hoofddorp). Voor het overnemen van (een) gedeelte(n) uit deze uitgave in bloemlezingen, readers en andere compilatiewerken (artikel 16 Auteurswet 1912) dient men zich tot de uitgever te wenden.

Samensteller(s) en uitgever zijn zich volledig bewust van hun taak een betrouwbare uitgave te verzorgen. Niettemin kunnen zij geen aansprakelijkheid aanvaarden voor drukfouten en andere onjuistheden die eventueel in deze uitgave voorkomen.

Bohn Stafleu van Loghum
Houten, 2013

ISBN 978 90 368 0300 7
NUR 741

Ontwerp omslag: Boekhorst design, Culemborg
Ontwerp binnenwerk: Studio Bassa, Culemborg
Tekstadviezen en -redactie: Harry Haakman (www.harryhaakman.nl)
Automatische opmaak: Crest Premedia Solutions (P) Ltd, Pune, India

Bohn Stafleu van Loghum
Het Spoor 2
Postbus 246
3990 GA Houten

www.bsl.nl

Inhoud

	Woord vooraf	9
	DEEL I HOE ZIEN WE DE WERKELIJKHEID?	11
1	**Hoe je kijkt bepaalt wat je ziet**	13
1.1	Inleiding	13
1.2	Eigen waarheid	14
1.3	Diversiteitsdans	16
1.4	Geen specifieke methodiek, maar intensief en verbindend	17
2	**Cultuur en diversiteit**	20
2.1	Inleiding	20
2.2	Het risico van receptdenken	20
2.3	Eenzijdig cultuurdenken en posities handhaven	24
2.4	Eigen patronen herkennen	27
	DEEL II EEN AANZET TOT DIVERSITEITSDENKEN	31
3	**Diversiteit is overal**	33
3.1	Inleiding	33
3.2	Diversiteit definiëren	35
3.3	Interne diversiteit	36
3.4	Groepsidentiteit en normering	37
3.5	Cultuur als breed begrip	38
3.6	Constructie en deconstructie van identiteit	39
3.7	Diversiteit en macht	39
3.8	Cultuurbegrip en het begrip diversiteit	41
4	**Een caleidoscopische visie**	43
4.1	Inleiding	43

4.2	Masculiniteit en feminiteit	43
4.3	Gezinspositie	46
4.4	Klasse	47
4.5	Etniciteit	48
5	**Begeleiding als vorm van dienstverlening**	**51**
5.1	Inleiding	51
5.2	Een dienst is geen product	51
5.3	Dienstverlening als dialoog	53
5.4	Begeleiding als specifieke vorm van dienstverlening	54

DEEL III
WERKEN MET DIVERSITEIT 57

6	**Nuttige theorieën over diversiteit**	**59**
6.1	Inleiding	59
6.2	Algemene theorie: gestalt	59
6.3	Aanraken van verhalen en identiteiten	61
6.4	Piramide en ijsberg	63
6.5	Werken met aandacht voor diepere lagen	66
6.6	Emotie stopt en start contact	69
7	**De praktijk: Marokkaanse jongens**	**73**
7.1	Inleiding	73
7.2	Project voor begeleid wonen	73
7.3	Thick identity	74
7.4	Van specifiek naar intensief	75
7.5	Masculien en feminien	76
7.6	Een specifieke methodiek	78
7.7	Kijken vanuit de context	78
7.8	Organisatie	79
8	**De praktijk: jonge managers**	**81**
8.1	Inleiding	81
8.2	Projecties en andere contactstijlen	81
8.3	Vertragen	83
8.4	Diversiteitsperspectief	85
8.5	Acceptatie	86
8.6	Contract	88
9	**Begeleidingstheorieën in de praktijk**	**89**
9.1	Inleiding	89
9.2	Vooroordelen	89

9.3	Aanraken of vastgrijpen	90
9.4	Taboes	92
9.5	Contracteren en installeren	94
9.6	Accepteren	94
9.7	Bestendigen en nuanceren	95
9.8	Dialoog	97
9.9	Masculien gedrag	98
9.10	Systemen van het veld	99
9.11	Harde normeringen van gedrag	102
10	**Een andere blik op de theorie**	**105**
10.1	Inleiding	105
10.2	Omgaan met sensaties: de creatiespiraal	105
10.3	Wisselend perspectief (de roos van Leary)	108
10.4	Leerstijlenconfluentie (Kolb)	109
10.5	Kwaliteiten als uitgangspunt (Ofman)	110
10.6	Situationeel leiderschap (Hershey en Blanchard)	111
10.7	Vluchten, vechten of bevriezen	112
10.8	Agressie en levenslust	114
10.9	Identiteitscirkel	115
10.10	Stappenplannen en methodische reeksen	119

DEEL IV
WERKVORMEN EN OEFENINGEN 123

11	**Werkvormen**	**125**
11.1	Maskers van succes	125
11.2	Vier manieren van vertellen	126
11.3	Geleide fantasie en cadeau	126
11.4	Interne dialoog	127
12	**Oefeningen**	**129**
	Oefening 1. De strategie van een uitzonderingspositie	129
	Oefening 2. Lijnoefening	130
	Oefening 3. Kijken vanuit multi-perspectief	131
	Oefening 4. Gezinspositie zoeken	132
	Oefening 5. In een model staan en dit ervaren	133
	Oefening 6. Werkvragen opstellen	134
	Oefening 7. Top-10 van normen	135
	Oefening 8. Invloedsladder	136
	Literatuur	**139**
	Over de auteur	**141**

Woord vooraf

In dit boek staat het werken met diversiteit centraal. Door praktijkervaringen te koppelen aan algemene theorieën wordt aan begeleiders en coaches materiaal aangeboden om eigen verhalen en verhalen van cliënten te onderzoeken op de aanwezige diversiteit. Bij het maken van dit boek stond mij vooral de praktijk voor ogen, daarbij gebruik makend van theorieën die ik zelf als ondersteunend ervaar in mijn praktijk.

Omdat de theorie uit de begeleidingskunde en de gestalttheorie daarbij grote inspiratiebronnen zijn, belicht ik hieruit enkele theoretische concepten in het bijzonder. Daarbij maak ik gebruik van allerlei werk dat op het gebied van diversiteit geschreven is. Het is niet zozeer mijn intentie deze theorieën te bekritiseren. In het dialogische werken gaat het vooral om verbindingen te maken tussen diverse verhalen en hun achtergronden te onderzoeken. Naar mijn idee heeft het werken met diversiteit geen nieuwe specifieke werkwijze nodig. Het is belangrijk om je bewust te zijn van diversiteit omdat dit elke begeleidingsrelatie beïnvloedt. Elke cliënt en elke begeleider is 'intern divers': hij of zij werkt, vrijt, eet, zoekt, danst, studeert, strijdt, geniet, beweegt, enzovoort, en daarmee zijn beide participerend onderdeel van een steeds veranderend veld.

Ik heb geprobeerd in dit boek diverse manieren van leren te honoreren. Dat betekent dat ik naast de theorie veel praktijkvoorbeelden beschrijf en tevens enkele momenten van reflectie aanbied. Met oefeningen en experimenten kan de lezer ook het eigen verhaal verder ontwikkelen tijdens het lezen. Plaats uw verhalen vooral naast de mijne, onderzoek uw eigen waarde en uw eigen mogelijkheden voor toepassing.
Ten eerste worden de uitgangspunten en vraagstelling ingeleid, met daarbij een toelichting op de algemene uitgangspunten waarop dit boek is gebaseerd. Daarna komt aan de orde hoe diverse achtergron-

den een bepalende rol spelen in de begeleiding en hoe dit soms tot problemen en misvattingen kan leiden. Hierin wordt de gedachte uitgewerkt dat we alleen kunnen waarnemen vanuit onze eigen achtergrond en welke consequenties dat heeft voor de begeleidingsrelatie. Daarna volgt een toelichting van het begrip cultuur in enge en bredere zin.

Vanuit een brede visie op cultuur werk ik het diversiteitsbegrip uit als een waaier van identiteiten. Diversiteit is een veelomvattend begrip dat tot vaagheid en stereotypering kan leiden als we het niet zorgvuldig definiëren. Daarna werk ik de term dienstverlening uit, om daarmee aan te geven wat de waarde is van de dialoog als subject-subjectrelatie. Dit is een relatie die helpend en noodzakelijk is voor echte samenwerking van begeleider en cliënt. Aan de hand van diverse theoretische visies beschrijf ik vervolgens concepten om te werken met de diverse achtergronden en de invloed op de relatie. Aansluitend beschrijf ik een aantal praktijkvoorbeelden van werken met diversiteit. Deze praktijkervaringen en hoe de eerder geschetste problemen kunnen worden opgepakt werk ik verder uit met behulp van theoretische modellen die in de begeleidingskunde veel worden gebruikt. Mijn standpunt is dat voor werken met diversiteit geen nieuwe modellen nodig zijn, maar een intensievere en toepasbare kijk op modellen die hun waarde al bewezen hebben. Het boek sluit af met methodieken en oefeningen voor het werken met groepen, individuele klanten en organisaties.

Het schrijven van dit boek was een boeiende (her)ontdekking, een reis door de vele verhalen van mijn leven. Veel dank ben ik dan ook verschuldigd aan de mensen die mij in de loop der jaren met hun verhalen hebben geïnspireerd. Ontmoetingen, zowel in werk als privé, waarin verhalen werden verteld en gecreëerd. Deze narratieve ervaringen hebben mij gevormd tot de professional die ik nu ben. Ik neem al die verhalen in mij mee als een kostbaar bezit en ze worden nog steeds vervolgd, vernieuwd en aangevuld.

Hopelijk nodigt het lezen van deze verhalen u als lezer uit om toegang te krijgen tot eigen nieuwe en oude verhalen. Mogelijk vindt u in die verhalen ondersteuning en inspiratie, zodat u in uw begeleiding profijt kunt hebben van de diversiteit van uzelf en van uw cliënt. Mijn dank gaat uit naar de meelezers Ernst Knijff en Marijke Sybesma voor hun deskundig en helder commentaar en aan Harry Haakman voor de steunende begeleiding.

Amsterdam, december 2009

Deel I Hoe zien we de werkelijkheid?

1　Hoe je kijkt bepaalt wat je ziet

1.1　Inleiding

We zien niet altijd wat we denken te zien en we zullen nooit kunnen zien zoals iemand anders ziet. Onze waarneming kan slechts plaatsvinden vanuit ons eigen referentiekader. Dat referentiekader wordt gevormd door wie we zijn, door hoe we zijn geworden tot wat we zijn, door hoe onze omgeving is, door wat we vanuit onze achtergrond hebben meegekregen.

> Een kind dat verdwaalt in een bos ervaart die plek als gevaarlijk en dreigend. 'Romantisch', noemt een verliefd paar deze omgeving. En een boswachter zegt over dit door hem te beheren gebied: 'Mijn werkplek.'

> Toen ik als tiener voor het eerst in Zwitserland was, herkende ik de bergen niet als zodanig. Een van de reisleiders had met ons gewed wie de bergen het eerst zou zien. Hij had voorspeld dat we ze niet zouden zien, maar ik geloofde het niet. Hij kreeg gelijk: de volgende ochtend keek ik nieuwsgierig en tamelijk vermoeid door de nachtelijke busrit naar buiten en zag witte wolken boven een donkere lucht. Die wolken bleken de bergen te zijn. Ik had wel bergen gezien op foto's, maar het beeld dat ik hier zag associeerde ik daar niet mee. Wat ik zag vervormde ik onbewust tot een mij bekend beeld: wolken. Pas toen de reisleider ons op de besneeuwde bergtoppen wees, begon ik het te zien. Tegenwoordig kan ik me nauwelijks meer voorstellen dat ik het toen niet zag. Ik kan nooit meer waarnemen zoals toen.

> De Afsluitdijk hoort bij mijn jeugd: we gingen daar zwemmen en ik fietste er tegen de wind in. Toen ik later in Amsterdam studeerde kreeg ik op weg naar het ouderlijk huis eens een lift van een Duitser. Hij kon zich niet voorstellen dat hij op een weg reed tussen twee zeeën: 'Gibt es wirklich ein Mehr an der linken und rechten Seite?' Die verbazing was voor mij heel bijzonder. We hebben samen bij het monument gestaan en sindsdien zie ik de Afsluitdijk weer anders.

Onze ervaring kleurt onze waarneming. Wat we niet kennen is voor ons niet herkenbaar en we moeten het herkenbaar maken om niet te verward te raken. Onze diverse achtergronden en posities bepalen wat we waarnemen. De persoon die we zijn is een verzameling van achtergronden, ervaringen, rollen, identiteiten, belevingswerelden en geschiedenis: een constante wisselwerking met de omgevingen waarin we vertoeven en hebben vertoefd. Dit alles bepaalt wat we als waar waarnemen en wat we tot waarheid construeren.

1.2 Eigen waarheid

Onze ervaring kleurt dus elke waarneming die we doen. Zaken die we niet kennen zijn voor ons niet of nauwelijks herkenbaar. Om niet verward te raken worden we regelmatig genoodzaakt om iets herkenbaars te maken van wat we niet kennen. Daardoor zien we niet de werkelijkheid, maar zien we alleen dat wat wij als werkelijk kunnen waarnemen. Onze diverse achtergronden en posities bepalen dus wat we waarnemen.
De persoon die we zijn is een verzameling identiteiten. Het 'ik' is een constante wisselwerking met de omgevingen waarin we vertoeven en hebben vertoefd. Dit gehele veld waarvan wij onderdeel zijn, bepaalt hoe en wat we waarnemen en wat we tot waarheid construeren.

Bekijk figuur 1 en vertel wat je ziet. Vraag ook anderen wat ze zien. Omschrijf samen welke overeenkomsten en verschillen je waarneemt.

Ook een professioneel begeleider heeft altijd te maken met de invloed van de eigen belevingswereld als onderdeel van het gehele veld. We nemen de wereld waar, maar niet als observator op afstand, maar als observator die zelf een creërend onderdeel is van en beïnvloed wordt door het geheel. Dit uit zich onder andere in de manier waarop wij de cliënt

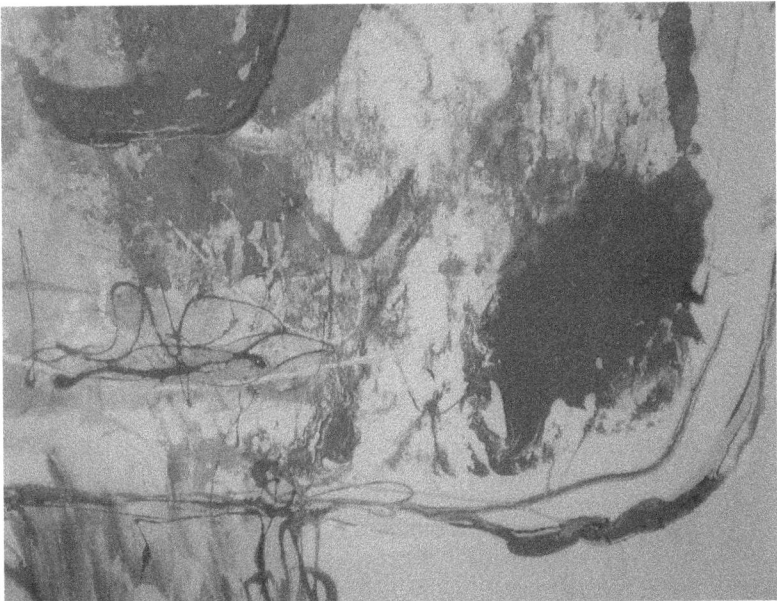

Figuur 1 Een schilderij van Jean Timir.

ervaren, hoe wij een begeleidingsrelatie aangaan en hoe wij de begeleidingsvraag zien en beoordelen. Er is steeds sprake van beïnvloeding door de context waarbinnen wij onze dienst verlenen. De context van het professionele begeleidingscontact, maar ook de grotere context van het werkveld, de organisatie en de wereld rond de organisatie, dit alles beïnvloedt een begeleidingsgesprek. De begeleidingsrelatie, de vraag en de werkwijze en ook zaken als de tevredenheid over deze situatie en het resultaat worden door de context beïnvloed. De grotere wereld met allerlei maatschappelijke posities, machtsfactoren, politieke agenda's, visies, normeringen, waarheden, enzovoort, beïnvloedt de vraag, methodiek, theorie, uitstraling en functie van het werk.
Een begeleidingssituatie zal daarom steeds bekeken en beoordeeld moeten worden op zowel micro-, meso- als macroniveau. Het hele veld waarvan begeleider en cliënt deel uitmaken heeft betekenis voor en geeft betekenis aan de relatie van begeleider en cliënt (of cliëntengroep). Alertheid op de invloed van de wisselwerking tussen omgeving en begeleidingssituatie is van belang om een efficiënte coproductie tot stand te brengen en die vast te houden. Deze constatering betekent dat we in onze begeleidingspraktijk alertheid nodig hebben om de invloeden van stereotyperingen van beide partijen in de begeleidingsrelatie te kunnen onderscheiden en bewerken voor een optimale coproductie. Elke vorm van dienstverlening of begeleiding heeft immers meer of

mindere actieve participatie nodig van beide participanten, begeleider en cliënt (zie ook hfst. 5).
Wederzijdse beelden, die vastgezet worden, maken de dienstverlening minder effectief, verstoren de coproductie en blijven steken in reeds vaststaande verhoudingen. Begeleiding heeft beweging nodig, heeft veranderende perspectieven en nuancerende inzichten nodig. Voor de begeleider is het dan ook van belang om aandacht te hebben voor de stereotyperingen die bij zowel de begeleider zelf als bij de cliënt aanwezig zijn en/of in het begeleidingscontact kunnen ontstaan. De centrale stelling van dit boek is dan ook:

Werken met diversiteit vraagt om een dialogische subject-subjectrelatie, met aandacht voor het hele veld, waar begeleider en cliënt deel van uitmaken.

En de centrale vraag hierbij is dan:

Hoe kun je als professioneel begeleider zorgen voor een werkelijke dialoog, met aandacht voor de diversiteit van de cliënt en de begeleider en intensieve aandacht voor de context waarbinnen deze begeleidingsrelatie zich afspeelt?

Hiervoor is inzicht nodig in de diverse achtergronden en de manier waarop deze in het hier en nu van de begeleidingsrelatie verschijnen en invloed uitoefenen. Het vraagt een analyse en intensieve toepassing van de begrippen dialoog, dienstverlening en diversiteit. Waarbij deze concepten steeds opnieuw onderzocht moeten worden in de wisselwerking tussen praktijk en theorie.

1.3 Diversiteitsdans

In de loop der jaren is mij steeds duidelijker geworden wat de kracht en ook de verwarring is van interne en externe diversiteit. Als we meer bekend raken met onze interne diversiteit biedt dat de mogelijkheid ons meer te verbinden met de ander, maar het brengt ons soms ook behoorlijk in verwarring. De zeer diverse wereld confronteert ons regelmatig met interne dilemma's. Contact aangaan met de wereld levert soms confrontaties op met aan ons bekende en onbekende gedragingen, normen, waarden en diepe geraaktheden. Hoe om te gaan met deze verwarring en met deze verbinding is een constante uitdaging en opgave, zeker voor de professioneel begeleider.
Een groot aantal privécontacten, werksituaties en theorieën maakten mij bewust van de werking van mijn interne diversiteit. Vanuit mijn identiteiten, die ik soms als zo vanzelfsprekend ervaar dat ik ze haast

niet opmerk, neem ik posities en rollen in. Die identiteiten zijn weer verbonden met diverse achtergronden, van waaruit ik spreek, voel, denk en handel. Het is een soort diversiteitsdans, waarop ik vat probeer te krijgen. Daarmee kan ik vervolgens zien hoe deze dans mijn rol als professioneel begeleider beïnvloedt en het biedt me de mogelijkheid om te ervaren hoe ik interne diversiteiten kan inzetten in de context van het begeleidingsproces.

Theorie uit de begeleidingskunde gecombineerd met onder andere de gestalttheorie, diverse theorieën rond inter- en transculturele communicatie en theorie op het gebied van diversiteit hebben me steeds meer op de kernwaarde van het dialogisch handelen gebracht. Deze theorieën zal ik in dit boek koppelen aan vele praktijken om zo een hanteerbaar praktijkboek te maken, in de hoop dat de lezer het eigen verhaal hiernaast plaatst en oprecht nieuwsgierig wordt naar de betekenis en invloed van andere verhalen. Het zijn niet de antwoorden die de dialoog maken, maar de vragen, de werkelijke aandacht voor het verhaal achter de eerste indruk.

1.4 Geen specifieke methodiek, maar intensief en verbindend

Zoals gezegd biedt dit boek geen nieuwe of specifieke theorie over cultuur, gender, klasse, enzovoort. Veel algemene methodieken en theorieën zijn zeer goed bruikbaar vanuit hun algemeen geldende principe. Ik wil daarom zich in de praktijk bewezen modellen, theorieën en methodieken door een diversiteitbril intensiever bekijken op hun bruikbaarheid. Zo kunnen algemene modellen prima worden ingezet om een betere dienstverlening tot stand te brengen voor bredere doelgroepen. Of, zoals ik onlangs las over een onderzoek: 'De resultaten wijzen erop dat interculturele behandeling niet zozeer specifieke vaardigheden vergt, maar vooral extra eisen stelt aan algemene vaardigheden. Voorwaarden zijn een systemisch en contextueel perspectief met aandacht voor psycho-educatie, lichamelijke klachten en maatschappelijke problemen' (Van Dijk, 2004). In mijn optiek geldt deze stellingname voor de brede cultuur, die verder gaat dan alleen etniciteit. En voor de begeleidingskunde in het algemeen, met uiteraard diverse accenten voor de afzonderlijke beroepsgroepen.

Over seksespecifieke begeleiding zijn verscheidene boeken geschreven, waarbij het voornamelijk gaat over de positie van vrouwen. Over cultuur wordt ook steeds veel gepubliceerd en meestal over het werken met 'niet-westerse culturen'. Over andere zaken die in de begeleiding aan de orde zijn, zoals de invloed van fysieke beperkingen en mogelijkheden, van gezinsposities, familieachtergronden, gender-issues, seksuele oriëntatie, klasse, religie, levensovertuiging, enzovoort, wordt wel geschreven, maar al weer wat minder. Veel van deze zaken worden wel regelmatig aangekaart, maar vaak los van elkaar. Vaak is dat zeer de moeite waard, maar meestal missen ze de essentie van de complexiteit. Als er al een waarheid is, krijgen we die zeker niet in beeld door een geïsoleerde benadering van aparte onderdelen.

Het aan elkaar koppelen van alle interne identiteiten en alle omgevingsfactoren maakt het uiteraard lastig voor onderzoek en het vinden van de waarheid. Wetenschap moet uitsluiten om de kern te kunnen benoemen. Begeleidingskunde is echter geen wetenschap met een objectieve waarheid. Elke vorm van dienstverlening is een activiteit die steeds opnieuw ontstaat. Professionele begeleiding heeft dan ook niet een enkelvoudige methodiek of enkelvoudige waarheid. Contact met het gehele veld is hierbij van groot belang om niet in stereotyperingen te vervallen.

> Een bijzonder aardige en bekwame hbo-docente vertelde mij dat ze aan een Marokkaanse studente in haar lesgroep de vraag had gesteld of haar geloof een negatieve invloed zou kunnen hebben op het thema seksualiteit in de lessen. Ze was verbaasd dat de vrouw kwaad was geworden. 'Het is toch goed om rekening te houden met iemands achtergrond?' Dat is inderdaad een goed uitgangspunt, maar deze docente gebruikte slechts een enkelvoudige analyse om de verbinding te maken in deze situatie: hoofddoek betekent moslima en dus moeite met openlijk praten over seksualiteit. De diverse achtergronden die een rol kunnen spelen, zoals levensfase, milieu, seksuele moraal in het gezin en de familie, kennis, eigen ervaring, modernisme, professionele houding, enzovoort, nam zij in haar analyse niet mee. Daarbij werd haar vraag zeker beïnvloed door het actuele feit van eenzijdige, veelal negatieve aandacht voor de islam en stelde zij hem in groepsverband, waardoor al snel een uitzonderingspositie kan ontstaan. Welk stereotype wordt daarmee bevestigd en welke identiteit wordt - opnieuw - onder een vergrootglas gelegd? Want hoe staat het met de mogelijkheid dat niet-moslimstudenten misschien wel meer moeite met het thema kunnen hebben? Of de mogelijkheid dat niet-hoofddoekdragende studenten misschien wel een strengere religieuze of sociale moraliteit kunnen hebben?

In elke relatie die we aangaan is er sprake van een meervoudige betekenisverlening. Werken met diversiteit als leidend concept in de begeleidingsrelatie helpt dan ook om te werken aan en met een meerdimensionale benadering van elke groep, individuele cliënt of organisatie, want een enkelvoudige benadering schiet te kort. Het diversiteitprincipe van de meerdimensionale benadering doet meer recht aan de werkelijkheid, omdat geen enkele werkelijkheid uit stereotypen, een enkelvoudige identiteit of een enkelvoudige waarheid bestaat. Een enkelvoudige betekenisverlening kan dus leiden tot stereotypering en daarmee de effectiviteit van de dienstverlening sterk beïnvloeden.

In het voorbeeld: de gestelde vraag werd geen opening tot een dialoog, maar riep weerstand op tegen het (weer) vastgezet worden in een stereotiep beeld.

Kernpunten
- In elke relatie die we aangaan is er een meervoudige betekenisverlening. Werken met diversiteit als leidend concept in de begeleidingsrelatie helpt dan ook om te werken aan en met een meerdimensionale benadering van elke groep, individuele cliënt en organisatie.
- Een enkelvoudige benadering doet een individu, groep of organisatie te kort. Het diversiteitprincipe van de meerdimensionale benadering doet meer recht aan de werkelijkheid, omdat geen enkele werkelijkheid bestaat uit stereotypen, een enkelvoudige identiteit of een enkelvoudige waarheid.

Cultuur en diversiteit

2.1 Inleiding

De voordelen van een meerdimensionale benadering, zoals in het vorige hoofdstuk beschreven, zijn dat het 'niet weten' en daarmee tweezijdige nieuwsgierigheid kan worden versterkt. Het risico van een te cultuurspecifieke benaderingen is dat een statisch beeld van cultuur en identiteit wordt vastgezet. Daarmee zitten we gevangen in eigen denkpatronen en dit bevestigt bestaande machtposities. De ontwikkeling in het denken in termen van culturele identiteiten en interculturele communicatie naar werken met diversiteit, activeert met name het communicatieve denken en handelen.

Over de ontwikkeling daarvan kan en wil ik hier niet volledig zijn, maar met een korte reis door de recente geschiedenis zal ik proberen te schetsen hoe de theorie en praktijk van het werken met diversiteit zich in mijn visie heeft ontwikkeld. Ik doe dit onder andere aan de hand van mijn eigen ontwikkeling in de periode 1975-2009. Hier zal ik een aantal theorieën bij betrekken die ik in de loop van de tijd ben tegengekomen.

2.2 Het risico van receptdenken

'Receptdenken' kan leiden tot mis- of non-communicatie. Het geeft de indruk dat fouten maken in interculturele communicatie voorkomen kan worden. Maar openstaan voor die fouten, die we zeker zullen maken, kan juist leiden tot tweezijdig leren. Beide personen kunnen ontdekken dat ze schijnbaar andere manieren van communiceren hebben en dat die waarschijnlijk verbonden zijn met hun interpretatie van de werkelijkheid.

Elk individu is meer dan een onderdeel van enkelvoudige etnische of culturele groep, dus zijn misverstanden niet enkelvoudig te 'voorkomen'. Net zo min als verbindingen enkelvoudig te maken zijn. Hoe door open communicatie soms verrassende verbindingen kunnen ontstaan bij op het eerste gezicht onvermoede thema's, laat het volgende voorbeeld zien. Met als motto: soms ligt Bolsward dichter bij Al Hoceima[1] dan bij Amsterdam.

> In 1980 ging ik als vrijwilliger werken bij een Marokkaanse zelforganisatie voor mensen die tussen de wal en het schip waren gevallen bij een eerste soort 'generaal-pardonregeling', de Wet arbeid buitenlandse werknemers (WABW). Aangezien ze in de WAO terecht waren gekomen werden zij niet erkend als migranten die ononderbroken hadden gewerkt gedurende een periode van acht jaar. Dit was een voorwaarde in de wet om een definitieve verblijfsvergunning te krijgen. Er werden taallessen gegeven, er was een sociaal-juridisch spreekuur, er was een politieke lobby en het was vooral ook een belangrijke ontmoetingsplaats.
> Dit alles vond plaats voordat een grote stroom aan gezinsherenigingen optrad. Vanwege hun status was dit voor veel van de cliënten niet weggelegd. Het waren vooral mannen van middelbare leeftijd, die hun gezin nog in Marokko hadden wonen en de Nederlandse taal niet goed machtig waren. De vrijwilligers waren bijna allemaal van Nederlandse afkomst. Een behoorlijk gemêleerd gezelschap: jong en oud, man en vrouw, hetero- en homoseksueel, religieus en niet-religieus, sociaal en politiek actief, hbo- of universitair opgeleid, uit een hogere of lagere klasse. Religie werd bijvoorbeeld merkbaar als iemand ging bidden en tijdens de ramadan, daarnaast werd er nauwelijks over gepraat. Wel was er wantrouwen en verzet tegen een aantal moskeeën die verbonden waren aan de Amicales, een organisatie die werd beschouwd als de lange arm van de toenmalige koning van Marokko.
> Bij een zusterorganisatie waren meer linksgeoriënteerde Marokkanen, vaak ook Franssprekend, hoger opgeleid en ongehuwd. In demonstraties tegen racisme en vreemdelingenhaat, voor een betere WABW, enzovoort, werd er samengewerkt. Soms ook in coalities met vakbonden, vrouwen- en homo-organisaties, jongerenorganisaties, enzovoort. Kortom, er was een behoorlijk verschillend en meer divers beeld dan er nu, in 2009, is ontstaan. Van 'de moslim' was als identiteit nog nauwelijks sprake. Zelforganisaties waren gesprekspartners voor de overheid.[2]

---

1 Al Hoceima ligt in noordelijk Marokko, Bolsward in Friesland.
2 Later bezuinigde de overheid deze organisaties weg in haar drift tot integratie en werden moskeeën steeds meer gesprekspartner. Religie werd door deze

Toen ik er enige tijd werkte, werd in Amsterdam een cursus 'omgaan met Marokkanen' aangeboden. De cursus was gebaseerd op de ideeën van David Pinto, toen populair bij de politie en andere overheidsinstellingen. Ik kreeg van de F- en de G-cultuur te horen, de tegenstelling tussen fijnmazige en grofmazige culturen. Waarbij het er vooral om ging hoe anders de F-cultuur was en hoe die verschilde van onze G-cultuur en kwamen er veel 'doe wel'- en 'doe niet'-regels aan bod. Hoeveel kopjes thee aannemen is beleefd, wie geef je een hand, wat doe je als je op bezoek gaat bij Marokkanen? Het gebodene had naar mijn idee weinig te maken met wat ik zelf had meegemaakt. Maar goed, misschien had ik me onbewust erg slecht gedragen en dingen niet gezien.

Na afloop van de cursus ging ik zaken uitproberen. Dus schoenen uit als ik binnenkwam, een Marokkaanse vrouw geen hand geven, na het vierde kopje thee weggaan, enzovoort. Dat leverde bijzondere taferelen op. Vrouwen die verontwaardigd reageerden met: 'Hoor ik er niet meer bij?' Mensen die lachten om mijn onhandigheid met de schoenen in de smalle Amsterdamse trapportalen: 'Hou die schoenen maar aan, hoor.' Soms vervolgd met de zin: 'We bidden hier niet', of: 'We bidden echt niet in het hele huis.' Ik liep maaltijden mis omdat ik dacht dat men mij weg wilden hebben, enzovoort.

Ik kwam vooral tot de ontdekking dat ik niet meer communiceerde over mijn gedrag. Ik ging bepaalde zaken voor waar aannemen uit de algemene informatie over 'de Marokkaan' en die kennis zette ik in bij elk bezoek aan Marokkaanse mannen en gezinnen. Ten slotte heb ik de lessen maar uit mijn systeem gebannen en ben weer mijn gezond verstand en oplettendheid gaan gebruiken. Die oplettendheid had ik ook nodig bij andere Amsterdammers. Als Fries, nog niet zo lang in 'Holland'[3], had ik bijvoorbeeld geleerd dat je bij veel mensen niet zomaar onverwacht langs kan komen, zeker niet rond etenstijd.

---

en andere zaken (o.a. de wereldpolitiek en gezinshereniging) een steeds belangrijkere identiteit.

3 Voor veel Friezen - en naar ik later vernam ook voor veel mensen uit Limburg, Twente, Zeeland, enzovoort - is Holland het westen, de Randstad. Het gebied waar de media zetelen, waarover het in het nieuws steeds gaat en waar de vergaderingen gehouden worden omdat reizen vanuit de Randstad naar het noorden of zuiden blijkbaar verder is dan omgekeerd.

Ik ontdekte later dat ik een groot aantal herkenningspunten had door mijn afkomst: het platteland, een groot gezin en een laag economisch milieu. Een milieu waarin religie een dagelijks terugkerende werkelijkheid was op vele levensgebieden, zoals school, vrienden, verenigingen, sport, muziek, uitgaan, boodschappen doen, het vinden van een huwelijkspartner. Waar mannen en vrouwen duidelijke maar ook gescheiden functies hadden; bij verjaardagen zaten de mannen aan de ene kant en vrouwen aan de andere kant van de kamer, mannen in lage en vrouwen op hoge stoelen rond de tafel. Bovendien was ik opgevoed in een taal die op school niet gesproken mocht worden en die in Amsterdam als boers en dus dom werd gezien. Ik voelde me vaak meer thuis in deze Marokkaanse omgeving dan in de stedelijke cultuur van Amsterdam.

Voor taalles had ik een Nederlandse vrijwilliger aangenomen. Toen ik aankwam bij het gebouw waar de les plaatsvond, zag ik de heren allemaal buiten staan terwijl ze binnen les hoorden te hebben. Ik vroeg wat er aan de hand was, kreeg weinig commentaar en ging naar binnen. Daar zat de vrijwilliger, met aan zijn voeten een mooie grote herdershond. Hij vertelde dat ze geen les van hem wilden en hoe ontdaan hij daardoor was. Ik liet de mannen uitleggen wat de hond voor hen betekende - in de ruimte werd ook gebeden - en de vrijwilliger waarom zijn hond zo belangrijk voor hem was. Hij bracht de hond vervolgens weg, we maakten de ruimte schoon en alles ging weer verder. Er werden soms alleen nog wat grappen over gemaakt.

Heb je ook wel eens meegemaakt dat een 'blunder' die je ten opzichte van iemand maakte een mogelijkheid werd om te praten over verschillen?

Met deze voorbeelden wil ik een verhaal plaatsen naast 'recepttheorieën' die proberen om algemene kenmerken te verbinden aan (vooral etnische) groepen. Het is uiteraard waar dat er binnen sociale groepen overeenkomsten zijn. Er is vaak wel een soort 'volksaard' met rituelen, kenmerken, enzovoort, die een groep tot culturele eenheid maken.

Het risico is echter dat vanuit dit concept een hele groep wordt benaderd en geanalyseerd, met als gevolg een selffulfilling prophecy. Dit haalt de dialoog weg uit de relatie doordat een van de partners wordt bekeken als een gegeven, een object, met daarbij de nodige vooroordelen die over dit individu of de hele groep worden uitgestort. Als er algemene zaken over een groep te benoemen zijn, is het daarom van belang om te bekijken waar dit helpend is en waar dit het dialogische contact in de weg staat of beschadigt.

2.3 Eenzijdig cultuurdenken en posities handhaven

In het voorafgaande stond het belang van open communicatie voorop, in deze paragraaf komt de positiebepaling aan bod: de positie die ik als begeleider (onbewust) kan innemen. Hieruit blijkt hoe vastzetten of vasthouden aan identiteiten machtsposities bevestigt. Met dat vastzetten creëren we de 'vreemde' die al bijna bij voorbaat onwetend geacht wordt. Een positie die het niet eenvoudig maakt om optimaal te participeren in werk- en opleidingssituaties en evenmin in een begeleidingssituatie.
Het volgende voorbeeld gaat over hoe het er in het land der blinden maar om gaat wat je blind noemt.

> In de jaren negentig van de vorige eeuw werkte ik als trainer bij het Landelijk Bureau van Vluchtelingenwerk Nederland, dat met training en scholing ondersteuning bood aan lokale centra en gemeentes bij het werken met asielzoekers en vluchtelingen. Als afdeling haalden we een leuke commerciële klus binnen die we van belang achtten voor onze uiteindelijke doelgroep. Het ging om een project voor hoogopgeleide vluchtelingen die aan de slag konden bij de Belastingdienst. Samen met een collega-trainer, een voormalige vluchteling van Oost-Afrikaanse afkomst, ontwikkelde ik het traject voor vluchtelingen en voerde het samen met hem uit.
> Er was een traject met afdelingsmanagers en een traject met de vluchtelingen. Het eerste traject was bedongen vanwege de tweezijdigheid, om niet alleen de vluchtelingen te trainen hoe zij in een Nederlands bedrijf effectief kunnen werken. We wilden ons namelijk ook richten op de vraag wat het voor dit Nederlandse bedrijf betekende om hoogopgeleide niet-Nederlanders binnen te halen. De Belastingdienst had baat bij het binnenhalen van deze groep en dus werd er ook van hun een inspanning verwacht.

Succesvol plaatsen van de vluchtelingen zou voor hen ook succes betekenen.

De eerste kennismaking betekende een omslag in mijn denken over interculturele communicatie. De eerste deelnemer begon: 'Ik was directeur van een meisjesschool in Kabul.' De tweede: 'Ik was directeur van een Shell-raffinaderij in Irak.' De derde: 'Ik was in het voormalige Joegoslavië ingenieur en leidde er een grote internationale afdeling.' Zo ging de ronde nog even door. Gaandeweg verdween mijn overtuiging van de kwaliteit van het programma en vooral ook over mijn rol als trainer. Op dat moment begreep ik niet goed wat mij zo verwarde. Gelukkig kon ik contactvol aanwezig blijven. Ik benoemde dat ik onder de indruk was van de ervaring en de achtergronden. Uiteindelijk werd het, na wat omzettingen, een goed programma.

Terugkijkend realiseerde ik me dat ik in deze context steeds meer een jongen was uit een laag middenstandsmilieu, met een lage sociale afkomst; de jongste van negen en de enige in het gezin die wat had doorgeleerd na de middelbare school. Vanuit die achtergrond kwam mijn eerste gedachte: wat een hoogopgeleide en ervaren mensen zitten hier. Dit kan ik niet. Dit programma wordt een sof; ik wil nu weg!

Zolang ik hen als 'vluchteling' of 'niet-Nederlander' had gezien en ik in mijn positie als trainer bleef, kon ik mij als deskundige handhaven. In die positie wist ik wat mij te doen stond. Maar nu ik over al hun andere identiteiten, achtergronden en kwaliteiten hoorde, kwamen ook mijn andere identiteiten in dit contact, in deze relatie. Na de kennismaking vroegen wij de deelnemers om hun posities in het land van herkomst te benoemen. Dat gaf hen de mogelijkheid even te treden buiten het enkele feit dat ze vluchteling waren. Het bracht empowerment teweeg, trots over hun positie toen en boosheid en energie over de positie waarin ze nu terechtgekomen waren. Maar de aandacht voor de achtergronden leek míj juist incompetent te maken.

Dit was voor mij een belangrijke ervaring: ik ondervond dat werken met het enkelvoudige concept van interculturele of transculturele communicatie kan leiden tot posities van macht en onmacht en dat het mensen tot object kan maken. Werken met het begrip diversiteit geeft daarentegen ruimte aan een meervoudige identiteit.

In welke situatie maakte je zelf gebruik van een machtspositie of werd je in een 'deskundige' positie geplaatst? Welke identiteiten maken je sterk in bepaalde omgevingen en welke maken je zwak? Hoe ga je daarmee om?

Het werken met het enkelvoudige cultuurbegrip als thema leidt tot de posities van deskundige en niet-deskundige, waardoor al gauw een object-objectrelatie ontstaat. Jij bent dít en ik ben dát, zoals kinderen spelen: 'Jij bent de boef en ik de politie.' Het is een versimpeling van de relatie, wat prettig eenvoudig kan zijn maar geen recht doet aan de totale persoon. Het kan leiden tot dooddoeners als: 'Maar dat is mijn cultuur', 'Dat ís toch gewoon zo?', en: 'Zo doen we dat hier', en daarmee lijkt de dialoog afgelopen. Het is dus zaak voor de begeleider om de totale persoon te zien en te proberen een subject-subjectrelatie tot stand te brengen. Een relatie die onderzoekend is en die kijkt naar aspecten van kracht en zwakte binnen de persoon en binnen de relatie. 'Jij bent de boef en ik ben de politie', is helder in het kinderspel. De posities van macht en onmacht, kennis van het goede en kwade, het in handen hebben van de waarheid zijn heldere posities. Maar dat lijkt geen wenselijke werkwijze binnen een begeleidingsrelatie. Het zet posities vast en biedt geen ruimte voor onderzoek. Het vasthouden aan en vastzetten van bepaalde identiteiten en mensen aanspreken op hun identiteit is vaak niet datgene wat empowerment bevordert. De machtsposities worden bevestigd door een eendimensionale identiteit of rol aan te nemen en door bepaalde identiteiten van de ander specifiek te benoemen of uit te lichten. Dit proces gebeurt zowel bewust als onbewust en heeft altijd een relatie met de achtergronden, de geschiedenis, de sociale en politieke context, ook in verbinding met zaken die spelen op wereldniveau. (Interessant bij het kijken naar de manier waarop machtsrelaties elkaar beïnvloeden is onder andere de theorie van de roos van Leary; zie par. 10.3.)

Er zijn bepaalde identiteiten die mensen zelf regelmatig op de voorgrond plaatsen. Het is een samenspel tussen de context waarin ze zich bevinden en het idee hoe daarin stand te houden, te overleven, zich te wapenen, enzovoort. Het hebben van een identiteit kan een groepsgevoel geven, het idee ergens bij te horen en daarmee ook een mogelijkheid tot empowerment of emancipatie, door zich af te zetten tegen en zich als groep te organiseren tegenover 'het andere'. Soms is dit ook een comfortabele slachtofferrol. Het geeft een gevoel van 'wij' ten opzichte van 'zij'.

In de professionele begeleiding is de opdracht vaak om de cliënt de zelfregie (weer) te laten nemen. De vraag hierbij is: wie is de eigenaar van het probleem dat op tafel ligt en hoe pakt deze persoon die verantwoordelijkheid op? Problemen tussen mensen kunnen vaak lang heen en weer 'gepingpongd' worden, terwijl niemand eigenaarschap neemt over het probleem.

Werken met diversiteit is een manier om mensen de keuze te laten welke identiteit op de voorgrond komt en hoe daarmee eigenaarschap op zich wordt genomen. Het vermijden van eigenaarschap over een probleem kan zowel bij de begeleider als de cliënt voorkomen. Beiden kunnen zich verstoppen in een vaste en veilige identiteit of goochelen met identiteiten om daarmee het eigenaarschap af te houden en geen regie te nemen over de situatie. Het is wel belangrijk dat de begeleider de vaste rol doorheeft en wil afstaan. Ook een begeleider moet uit zijn 'comfortzone' kunnen stappen. (Zo was het in bovenstaand voorbeeld comfortabel om in de rol van trainer of Nederlander te blijven, en werd het oncomfortabel maar wel meer dialogisch toen mijn eigen achtergrond geraakt werd.) Het komt de relatie en het leiderschap ten goede als je weg durft te gaan van comfort en op zoek gaat naar het minder bekende.

2.4 Eigen patronen herkennen

Werken met diversiteit vraagt soms om 'out of the box'-denken. Het is geen eenduidige opgave om buiten ons eigen systeem, onze eigen waarheid te denken en handelen. Een belangrijk element van kunst, zeker moderne kunst, is om ons te verwarren door een beeld anders te gebruiken, anders vorm te geven. Het haalt ons uit onze 'normale' denkpatronen en biedt daarmee een reflectie op onze manier van kijken en ervaren. Voor een professioneel begeleider is het belangrijk om door te hebben wat het eigen denken inhoudt, of op zijn minst zich te realiseren dat we enkel vanuit ons eigen systeem kunnen denken. Contact met 'de ander' of 'het andere' biedt ons de kans om onszelf met onze beperkte blik te confronteren. Zo kunnen we komen tot andere manieren van ervaren, denken, voelen en handelen.

> Ik werd eens gevraagd om op een basisschool met het team na te gaan wat er mis was op intercultureel gebied. Het probleem was dat er, ondanks vele pogingen, nauwelijks sprake was van ouderparticipatie, vooral van allochtone ouders. Het team bestond uit een grote groep vrouwen en twee mannen, allen autochtoon. De school grensde aan de ene kant aan een 'blanke' arbeiderswijk en aan de andere kant aan flatgebouwen die overwegend werden

bevolkt door mensen met een niet-westerse achtergrond. Het leerlingenbestand was redelijk gemengd. Bij het zoeken naar kwaliteiten, successen en wensen werden veel leuke en aantrekkelijke activiteiten benoemd die de school aanbood aan de kinderen en hun ouders. De groep leerkrachten was actief en creatief en had inspirerende ideeën. Hun teleurstelling was dat veel van de ouders, volgens de leerkrachten vooral allochtonen, het toch lieten afweten.

We besloten de populatie ouders in kaart te brengen met behulp van de diversiteitcirkel. Er bleek veel meer variatie te zijn dan eerst werd aangenomen. Er waren veel verschillende sociale klassen. Zo was er een grote groep hoogopgeleide vluchtelingen, ouders met zeer weinig schoolopleiding, diverse 'probleemgezinnen' met zowel allochtone als autochtone achtergrond, er was grote religieuze diversiteit en nogal wat leeftijdsdiversiteit, enzovoort. Vervolgens bekeken we de activiteiten op hun aantrekkelijkheid voor de diverse ouders om in te participeren. Ook legden we de normen die de school stelde over ouderparticipatie naast die van de diverse doelgroepen.

We kwamen tot opmerkelijke uitkomsten. Waarom ouderparticipatie belangrijk was, werd niet echt uitgewisseld met de ouders. Er werden activiteiten aangeboden en ouders werd gevraagd te participeren, maar wat dit met het onderwijs te maken had was veel ouders niet duidelijk. Hetzelfde gold voor activiteiten: veel ouders hadden niet het idee dat een bezoek aan de kinderboerderij een wezenlijk onderdeel van het onderwijs was. In de school was geen ruimte om met ouders bij elkaar te komen, ze moesten weer weg als het kind binnen was en eigenlijk werd het niet erg gewaardeerd als ze nog even op het schoolplein bleven. Ze werden alleen geacht mee te doen als het personeel dit organiseerde. Er waren bovendien veel 'feminiene' activiteiten en geen enkele masculiene activiteit (zoals een sporttoernooi met voetbal). Er bestond weerstand tegen competitie, er waren geen technische activiteiten en men was bang voor stoeipartijen.

De ouders werden niet op hun intellectuele of beroepscarrière zaken aangesproken (zoals vertellen over hun beroep, hier of in het land van herkomst). Dit te vragen aan bijvoorbeeld de ouders met een vluchtelingenachtergrond was nooit bij de leerkrachten opgekomen. Welke toekomst zagen ze voor hun kinderen vanuit eigen perspectief? Welke deskundigheid was bij vaders en moeders aan-

> wezig die de school kon gebruiken? Ten slotte waren de grotere
> familiesystemen (grootouders, ooms en tantes) niet in beeld.
> Dit samen inventariseren en aanvullen van wat er vanuit het eigen
> herkenbare werd waargenomen leverde meteen al nieuwe ideeën
> en activiteiten op. Zoals een voetbaltoernooi, een ouderkamer, ouders laten vertellen over hun oorspronkelijke beroep, enzovoort.

Hoe zou je de gehanteerde methodieken en sfeer in jouw eigen werkomgeving kunnen benoemen? Zijn ze bijvoorbeeld meer masculien of feminien? Middenklasse, blank, stedelijk? Bekijk eens in je team of dit herkend wordt en stel de vraag hoe dat eens helemaal omgedraaid zou kunnen worden.

De bovenstaande voorbeelden laten zien dat het perspectief van de waarnemer regelmatig aangevuld dient te worden met nieuwsgierigheid naar andere perspectieven. Onze eigen interne diversiteit wordt aangesproken als we werkelijk benieuwd zijn naar de interne diversiteit van de ander en vice versa. Zonder open nieuwsgierigheid en zonder ons bewust te zijn van onze denkkaders blijven we in eigen waarheden ronddraaien. We lopen daarmee het risico om wat we waarnemen, vanuit ons perspectief van de wereld, te maken tot de algemene werkelijkheid. We maken daarmee een normerende waarheid die ons de wereld laat zien zoals wij die wíllen zien; het meervoudige perspectief ontbreekt. En werken met een enkelvoudig (etnisch) cultuurbegrip heeft het risico in zich dit te blijven doen.

Vandaar dat ik hier het diversiteitsbegrip in zijn volle omvang, met alle invloeden van diverse identiteiten, wil presenteren. Niet het interculturele of transculturele in etnische zin, maar cultuur als verzameling voor en een samenspel van diverse identiteiten. In het volgende hoofdstuk werk ik het begrip diversiteit en het risico van een eenzijdig gebruik van het begrip cultuur verder uit.

> **Kernpunten**
> - Kijken naar cultuur als enkelvoudig etnisch concept kan ertoe leiden dat we objecten maken van mensen. Meervoudig, cultureel denken vraagt om afstand nemen van soms veilige posities maar geeft ook verrassende verbindingen.
> - Ons denken en handelen, en dus ook onze begeleidingsmethodieken, zijn altijd cultuurgebonden. Als we ons daarvan niet

bewust zijn, kunnen we in onze werkwijze vaststaande patronen versterken, groepen buitensluiten en kan onze blik vertroebeld raken.
– Werken met diversiteit betekent ook dat we 'out of the box' moeten, kunnen en willen denken.

Deel II Een aanzet tot diversiteitsdenken

3 Diversiteit is overal

3.1 Inleiding

Zoals uit voorbeelden en theorieën in de voorgaande hoofdstukken wel mag blijken, is elk mens te beschouwen als een verzameling van identiteiten. We zijn een verzameling van interne identiteiten die dansend op de voorgrond verschijnen en naar de achtergrond lijken te verdwijnen, maar wel aanwezig blijven. In dit hoofdstuk wordt dat diversiteitsbegrip nader toegelicht en uitgewerkt.
Elke situatie vraagt ons om andere facetten van het 'ik' aan te spreken. Soms gebeurt dat bewust, maar meestal is het een onbewuste bezigheid. We maken doorlopend gebruik van diverse facetten van onze identiteit in de dagelijkse omgang met elkaar. In werk, bij vrijetijdsbesteding, op straat, in een winkel, bij familie, bij vrienden, op school, bij feestelijke gebeurtenissen, in het buitenland, enzovoort. Overal wordt een appel gedaan op een van de vele facetten. We switchen hierin meestal gemakkelijk van rol en positie en zonder ons er bewust van te zijn.
We ervaren onszelf meestal als een geheel, maar we kunnen ons ook verscheurd, opgesplitst, vertwijfeld of gedwongen voelen door diverse identiteiten die van ons gevraagd worden: 'Ben ik een goede ouder of ga ik voor mijn carrière?', 'Ga ik nu naar het feest waar het leuk is of naar het feest waar ik me verplicht voel om er te zijn?', of: 'Zal ik uitgaan of ga ik studeren?' De strijdende identiteiten zijn in deze voorbeelden onder andere ouder versus carrièrevrouw, altruïst versus egoïst en ontdekkende adolescent versus ambitieuze student; identiteitsconflicten die op hun beurt waarschijnlijk weer gekoppeld zijn aan sociale, familie- en gezinsnormen en daarmee aan diepere identiteiten (zie hfst. 6).

Bedenk enkele eigen interne conflicten. Wanneer merk je ze op en waar heeft dat mee te maken? In welke context komen ze aan de orde?

De constatering dat diversiteit in iedereen aanwezig is, betekent dat de opvattingen over enkelvoudige gedefinieerde cultuurbegrippen die meestal gebruikt worden voor etniciteit de interne en contextuele diversiteit negeren. Dergelijke theorieën leiden tot stereotypering, tot versimpeling van het individu en van sociale posities. De 'externe diversiteit' - die ook vaak opgelegd wordt door de omgeving - kan leiden tot denken in doelgroepen en dwingt individuen te behoren tot een bepaalde groep, met alle bijbehorende kenmerken, gedragingen, normen, enzovoort. De ander wordt tot stereotype, tot object gemaakt en daarmee geplaatst in een bepaald denkkader (bijvoorbeeld 'de allochtoon').

Het behoren tot een sociale groep kan prettig zijn en ondersteunend in bepaalde situaties. Vaak is echter de opgelegde of aangenomen typering in strijd met onze interne diversiteit en onze individualiteit. Het individu gaat ten onder in een groepsidentiteit. In verscheidene sociale groepen wordt dat ook gevraagd van het individu; de groep moet dan voorgaan op het individu. Maar ook binnen een dergelijke op het oog homogene groep is er vaak sprake van een individuele invulling. Kijk bijvoorbeeld naar traditionele kleding, waarbij het individu en elke subgroep toch vaak iets toevoegt om de eigen identiteit te benadrukken. Hoe we ons wel of niet voegen in de groepscultuur hangt af van veel factoren, zoals de veiligheid in de ons omringende wereld en de interne drang tot zelfontplooiing die heel verschillend kan zijn.

Ik wil het hier graag hebben over het ervaren van die keuze, over het kunnen voeren van de regie over de eigen diversiteit, over het aanmoedigen van eigen leiderschap binnen en buiten diverse sociale groepen. Die zelfregie is, zoals gezegd, soms strijdig met algemene opvattingen, opvattingen van de eigen groep en die van de wereld. De essentie van het werken met de diversiteit van individuen en groepen is de vraag: hoe kan het individu zich ontwikkelen in een gezond samenspel tussen externe en interne diversiteiten en hoe kan de dienstverlener hieraan een bijdrage leveren zonder de regie over te nemen? Hier zal sprake moeten zijn van werkelijk dialogisch handelen. De begeleider zal zich bewust moeten zijn van de invloed van de eigen achtergrond en van de achtergrond van de cliënt. Waarbij kennis over de achtergrond helpend kan zijn maar niet strikt noodzakelijk. Een open houding is echter wel een voorwaarde om niet te vervallen in oordelend spreken.

Veel gebruikte cultuurspecifieke of diversiteitspecifieke modellen verzanden maar al te vaak in algemene en stereotype beelden en gaan uiteindelijk toch meestal over etniciteit als meest bepalende factor. Ze maken daarbij veelal gebruik van vastgezette groepsidentiteiten met bijbehorende eigenschappen en gedragingen, die dan 'cultuur' genoemd worden en waarmee toch snel een receptidee ontstaat. Het lijkt antwoord te geven op de vraag: hoe met elkaar om te gaan. Het individu wordt geanalyseerd en verbonden met groepsgedragingen, -normen en -waarden. Zo creëren we een waarheid, een meetlat die het werk van de begeleider lijkt te vereenvoudigen: 'Nu weet ik wat ik moet doen, waarmee ik rekening moet houden.'

Maar de vraag is of het recht doet aan de persoon tegenover u. Vooral etnische groepen met soms daaraan verbonden religieuze en sociale identiteiten worden op deze manier te vaak eendimensionaal en stereotiep neergezet. Hetzelfde gevaar van stereotypering geldt echter ook voor gehandicapten, vrouwen, mannen, ambtenaren, profvoetballers, voetbalvrouwen, enzovoort. We hebben kennelijk behoefte aan stereotyperingen die ons een schijnbare duidelijkheid leveren, maar waardoor de persoon zelf in diens eigen diverse identiteiten niet of nauwelijks meer in beeld is. Communicatie is wisselwerking en die blijft uit als een van de partijen moet voldoen aan een stereotiep beeld.

3.2 Diversiteit definiëren

Het uitgangspunt van diversiteit tussen zowel groepen mensen als binnen een individu laat zien dat identiteiten (van groepen en individuen) niet monolithisch maar polymorf zijn: niet enkelvoudig of eendimensionaal maar meervoudig en meerdimensionaal. Het gaat bijvoorbeeld over leeftijd, gender (sekse), mentale en fysieke vermogens, etnische afkomst, religie, seksuele gerichtheid, opleiding, beroepsgroep, gezinspositie, huidige verblijfsplaats, familiegeschiedenis, geografische afkomst en sociale klasse (zie fig.12 pag.116). Het gaat over sociale posities, over behoren tot sociale groepen, over de verhouding die we hebben met bepaalde achtergronden. Identiteiten kunnen nooit los worden gezien van de sociale context maar vallen er ook niet mee samen. Elke identiteit krijgt pas betekenis en vorm in de overeenstemming en in het onderscheid met andere personen en groepen.

Het begrip cultuur geeft aan hoe diverse groepen zich intern en onderling tot elkaar verhouden in de manier van leven. In het kijken vanuit het begrip diversiteit gebeurt dit in de meest ruime betekenis van het woord groep, zoals Talia Levine Bar-Yoseph die omschrijft in haar boek *The bridge: Dialogues across cultures* (2005, p. 24): 'Cultuur (...) is het aangeleerde resultaat van een groepservaring en is daarom alleen te vinden bij een definieerbare groep met een significante geschiedenis.' Dit cultuurbegrip gaat daarmee verder dan de veel gebruikte misvatting dat cultuur enkel gaat over etniciteit.

Etnische verschillen, in de zin van behorend tot een raciale of landelijke groep, zijn slechts een verbijzondering van wat we cultuur kunnen noemen. Daarbij is cultuur vanwege de wisselwerking met de omgeving en met de personen die de cultuur 'maken' altijd aan verandering onderhevig. Om de verwarring te voorkomen dat cultuur alleen wordt geassocieerd met etniciteit, zal ik het begrip diversiteit hier eerst verder uitwerken.

3.3 Interne diversiteit

Zoals beschreven gaat het bij het kijken naar diversiteit om verscheidenheid tussen (groepen) mensen. Maar ook onze interne verscheidenheid speelt een belangrijke rol. In elk contact hebben we te maken met de aanwezigheid van een bepaalde mate van diversiteit. Zelfs een eeneiige tweeling is bijvoorbeeld meteen na de geboorte al een 'oudste' of 'jongste' en daar komen geleidelijk steeds meer te onderscheiden identiteiten bij. We kunnen dan ook stellen dat als we spreken over cultuur, elk contact een intercultureel contact is en zelfs dat elk mens in wezen in zichzelf al multicultureel is. Elk individu behoort immers tot diverse (sub)culturen.

> De minister-president van ons land is nog altijd een blanke man van 45 tot 65 jaar en lid van een bepaalde politieke partij. Hij is daarnaast ook 'zoon van', misschien ook 'broer van', 'echtgenoot van' en 'vader van' en hij zal wellicht een sporter zijn of andere hobby's hebben. In het buitenland is hij vertegenwoordiger van Nederland, als Nederland voorzitter is van de Europese Unie is hij vertegenwoordiger van de EU, bij zijn vrienden is hij 'vriend van', als hij ziek wordt is hij patiënt, op vakantie is hij misschien anoniem. Er is dus sprake van veel identiteiten, die goed kunnen harmoniëren maar ook tegenstrijdige belangen in zich kunnen hebben. De minister-president die in zijn zwembroek of als naturist rondloopt op het strand is een krantenfoto waard, mocht hij er ietwat te intiem zijn met zijn echtgenote dan is dat reden tot commentaar.

Elk mens behoort door deze interne diversiteiten tot verschillende (sub)culturen. En elke (sub)cultuur heeft een eigen stelsel van meer of minder gecompliceerde uitingsvormen, zoals taal, rituelen, handelingen, feesten, liederen, symbolen, kleding, haardracht en samenkomsten. Deze uitingsvormen helpen de groepsleden om zich als wij-groep onderling verbonden te voelen en zich te onderscheiden ten opzichte van de buitenwereld, de zij-groep. Er zijn dus veel interne diversiteiten, waarbij de ene identiteit voor de groep en/of het individu van groter belang kan zijn dan de andere. Vanuit de eigen perceptie van wie we willen zijn hechten we al dan niet belang aan een identiteit en dragen we die al dan niet uit in ons dagelijks handelen. Daarbij zijn we uiteraard ook weer afhankelijk van de context, de waardering en normering van onze omgeving.

Soms zijn deze interne identiteiten goed te verenigen, soms ook zijn ze dus onderling strijdig met elkaar. Soms zelfs zo tegenstrijdig intern en/of extern dat er een innerlijk conflict ontstaat: 'Kies ik voor de familie of voor mijn eigen leven?', 'Kies ik voor mijn baan of voor mijn principes?', of: 'Ga ik een dubbelleven leiden?' Identiteiten staan niet los van normeringen van diverse sociale groepen en kunnen daardoor verwarring opleveren met vragen als: 'Waar hou ik me aan?', 'Waarmee ben ik solidair?', of: 'Welke sociale groep is belangrijker voor me?'

3.4   Groepsidentiteit en normering

Elke groep met een geschiedenis ontwikkelt bepaalde gedragsregels die, soms uitgesproken en vaak ook onuitgesproken, worden overgedragen. Dit gebeurt door diverse vormen van beloning en straf, erkenning en ontkenning met daarbij behorende uitgesproken en niet-uitgesproken normeringen. Ons socialisatieproces zorgt ervoor dat we in ons denken, voelen en handelen tot bepaalde groepen gaan behoren. We verbinden ons door middel van een confluentiecontract, zoals Polster en Polster (1973, p. 93) dit benoemen.

Met confluentiecontract wordt bedoeld dat we samensmelten met de groep en ons zo ook verbinden aan de normen en gedragingen en de uitstraling van die groep. Hiermee verbinden we ons soms ook aan een vijandig of vriendschappelijk optreden naar andere groepen. De eigen identiteit gaat steeds meer samenvallen met de ontwikkeling van de groep. We introjecteren bepaalde gedragingen, gedachten, normen, waarden en overtuigingen die ons verbinden met de groep en waarmee we ons onderscheiden van andere groepen.

Een voorbeeld is de verzuiling, waarmee dit in ons land jarenlang werd ingevuld.

> Als kind kon ik niet anders dan medelijden hebben met ongelovigen. Zij waren immers niet tot het inzicht gekomen dat er een

God was en dus zouden ze nooit in de hemel komen. Toch zag ik dat ze soms vrolijk waren. Bepaalde mensen vond ik leuker en eerlijker dan de mensen van 'mijn' gereformeerde kerk. Tegelijk was ik als kind verbaasd dat de katholieken dachten dat ze de hemel konden verdienen. Dat was in mijn gereformeerde overtuiging iets waar je helemaal niet van uit mocht gaan. Toch was ik benieuwd naar de katholieken, want bij hen waren er mooie beelden en witte jurken als ze ter communie gingen. Maar ik was er toch van overtuigd dat ondanks deze mooie aantrekkelijke zaken zij het niet bij het juiste eind hadden. Ik hoorde op school, in verenigingen, bij de sportclub, muziekschool, enzovoort, dat ik het bij het rechte eind had en zij niet. Ik introjecteerde de norm dat je bescheiden moet zijn, dat je zelf niet over je leven beslist, dat alles wat je krijgt van de genade van God was en niet uit verdienste.

Van welke ideologie of levensovertuiging was er bij jouw gezin van herkomst sprake? Wat betekende of betekent dat voor de manier waarop je keek of kijkt naar mensen met een andere overtuiging?

3.5 Cultuur als breed begrip

Cultuur bestaat en ontwikkelt zich in allerlei relatiepatronen tussen mensen, individuen en groepen en hun omgeving, zowel in grote als in kleine contexten. Dat wat we van binnenuit voelen en denken en ervaren als eigen, staat niet los van de introjecten van de sociale groepen waarmee we te maken hebben. Het onderscheid tussen overtuigingen van binnen en van buiten is bijna niet meer te maken. Het is een wisselwerking van zowel confluent zijn met de omgeving als ons te onderscheiden ten opzichte van de omgeving.
In het contact is dan ook '(...) het onderscheid tussen interpersoonlijk en intrapersoonlijk armoedig, want de hele persoonlijkheid van het individu en de hele maatschappelijke organisatie ontwikkelen zich uit een samenhangend functioneren' (Perls, Hefferline & Goodman, 1977, p. 414; zie ook hfst. 6). Op de diverse grenzen binnen en buiten onszelf is een continu multicultureel contact gaande. En multiculturele botsingen en coalities zijn in onszelf en in samenhang met onze omgeving aan de orde van de dag.

3.6 Constructie en deconstructie van identiteit

Om onze identiteiten, onze interne diversiteit, te kunnen hanteren zullen we ze eerst moeten herkennen en kunnen benoemen. Het benoemen van de diverse identiteiten lijkt misschien tegenstrijdig met de holistische diversiteitsgedachte. Diversiteit is immers juist het kijken naar het geheel. Zoals ik een vrouw tijdens een lezing hoorde zeggen: 'Het ene stereotype na het andere rolt hier over de tafel, terwijl we daar volgens mij juist van af willen.' Identiteiten maken ons tot object ofwel: 'Identiteiten bieden het gereedschap waarmee we onverschillig onze tegenstander bespreken. (...) Iemand zijn is een voortdurende vertelling, een oneindig spreken waarin wie iemand is nooit volledig tot uiting kan komen' (Rahimy, 2008).

Identiteit klinkt al snel als een vast gegeven, iets dat je hebt: 'Ik ben ...' Het Engelse 'human being' klinkt juist meer als een activiteit. Volgens het constructivisme construeren we onszelf steeds weer binnen de bestaande context (Kegan, 1994). We zijn daarbij steeds aan het 'worden' in relatie met de omgeving en met onze interne behoefte, wil en persoon. Kegan laat dit zien aan de hand van een verhaal over een puber die te laat komt en zijn bezorgde ouders boos maakt omdat hij zich niet verantwoordelijk gedraagt. Als jong kind werd hij echter juist geroemd om zijn zelfstandigheid. Als puber was hetzelfde gedrag iets waar zijn ouders zich zorgen om maakten en waarvoor zij hem straften. Het 'zijn' van zelfstandige wordt dus door dezelfde personen in een andere context (tijd) een andere waarde gegeven.

De veldtheorie (zie hfst. 6) zegt dat de fenomenologie datgene is dat in het gehele veld verschijnt; het waarneembare dat vorm geeft aan de identiteit. Identiteit is ook daarin dus geen vast gegeven. In wisselwerkende communicatie, in contact over en weer als vormend onderdeel van het gehele veld, ontwikkelt en toont zich en verandert de identiteit. Daarmee heeft elke identiteit een positie in het sociale systeem en verhoudt zich tot de omgeving in termen van macht en normering.

3.7 Diversiteit en macht

Identiteiten kunnen niet los gezien worden van sociale posities en macht. Onze interpretatieschema's leiden er volgens Tennekes (1995, p. 29) toe dat de interactie vaak slechts leidt tot reproductie van cultuurverschil, positieverschil en machtsverschil. Dit kan ons afhouden van werkelijk onderzoek en een werkelijke dialoog. Elke definieerbare groep heeft een eigen cultuur die steeds opnieuw gevormd wordt in een dynamisch proces van interne en externe krachten. Een dynamisch

cultuurbegrip gaat er volgens dezelfde auteur (p. 30) van uit dat cultuur varieert, leert en zich ontwikkelt binnen een grotere context.
Het construeren van identiteiten kan niet los gezien worden van de factor macht en daarmee gepaard gaande waardeoordelen. Het is in het maatschappelijk verkeer vaak de uitzondering die afgezet wordt tegen het normale. Het niet-normale dient zich te verantwoorden: de migrant, vluchteling, moslim, homoseksueel, invalide, vrouw, zwarte, enzovoort. Hierdoor hoeft het normale zich niet te benoemen. De normaliteit construeert en onderzoekt zichzelf niet of nauwelijks en is daarmee geen onderdeel van een maatschappelijk debat. Er is geen gewaar zijn van het normale, want het normale 'is' en dus hoeft deze waarheid zich niet te verantwoorden. Pas als het zich zou verantwoorden is er gewaar zijn en is het bijzonder.
Zo maakt het normale zich vaak tot een objectieve factor, een maatstaf die zichzelf niet laat kennen. Het ontkennen of vastzetten van een identiteit maakt het lastig er dialogisch mee te werken. Dus hebben we de constructie nodig om te kunnen deconstrueren (Lynn Jacobs, in Levine Bar-Yoseph, 2005). Pas als we onszelf, iets of iemand construeren kunnen we onderzoeken.

> *Mamma, zei het jongetje, waarom hebben alle dingen een naam?*
> *Omdat je een naam hebt kan ik je roepen, zei ze na even te hebben nagedacht.*
> *Als ik je naam roep kun je bij me komen.*
> *Als je bij me komt kan ik je vastpakken en ruiken en voelen.*
> *Als ik je gevoeld hebt kan ik je weer loslaten.*
> *Daarom hebben alle dingen een naam.*
> Wibe Veenbaas, in een cursus over familieopstellingen

Soms verstopt de waarheid zich achter de uitzondering. De waarheid heeft vaak een groot probleem, namelijk dat deze uitgaat van de maatstaf van het bestaande, dominante, algemeen geaccepteerde of normale. Foucault en anderen hebben dit mooi aangegeven door te zeggen dat de waarheid zichzelf daarmee beschermt en zich vaak niet hoeft te benoemen. Het maakt gebruik van een dominant discours (taalgebruik) waarin macht zich manifesteert en dat de uitzondering al neerzet in een specifieke, afwijkende, onderdanige positie. De uitzonderingen kunnen worden benoemd waarmee de waarheid (lees: de norm) buiten schot blijft.
Identiteiten die niet behoren tot de waarheid werden rond 1900 bij het verder doorzetten van de Industriële Revolutie onderzocht op hun afwijking. De gek, de crimineel, de homofiel, de inboorling werden

geconstrueerd en onderzocht. Lichaamsspecifieke zaken zoals hersengrootte, lichaamsbouw, stand van de ogen werden aan onderzoek onderworpen om de aard van de afwijking te vinden.
Dit proces van onderzoeken van het 'abnormale' heeft in het westerse denken veel invloed gehad op de ontwikkeling van het identiteitsdenken. Door de uitzonderingen te benoemen en te onderzoeken kunnen we ze beter inpassen of uitsluiten aan de norm die de geïndustrialiseerde samenleving op dat moment zeer nodig had. Van werken in eigen sociale omgeving met allemaal een eigen functie en plaats, moesten mannen en kinderen nu op vaste tijden de fabriek in voor de productie; de vrouw bleef thuis voor de reproductie. Wie niet mee kon doen in deze gestandaardiseerde productiepatronen was niet meer productief en daarmee een outcast.
Het bijzondere van dit uitsluiten en benoemen was dat het in een later stadium leidde tot het ontstaan van groepen die de aandacht kregen van medici, kerk, charitatieve instellingen, enzovoort. Deze groepen konden later vanuit die gedachte werken aan emancipatie. Zeker toen in de jaren zestig en zeventig van de vorige eeuw bepaalde groepen zich juist trots toonden op hun 'uitzondering' of boos werden om hun buitengesloten zijn. De vrouwenbeweging, homobeweging en gekkenbeweging hadden uiteindelijk in die tijd baat bij een groepsidentiteit.

3.8 Cultuurbegrip en het begrip diversiteit

Over interculturele communicatie is veel geschreven, in praktische of in meer theoretische zin. Uiteraard sta ik niet neutraal in deze discussie; ik zet mijn verhaal er graag naast. Ik stip hier in het kort een aantal theorieën aan om een beeld te geven, zoals werken van Hoffman en Arts, Hofstede, Pinto, Tennekes, Wekker en Gorashi. Dit zijn mensen die mijn visie hebben beïnvloed, (uiteraard is er veel meer geschreven op dit gebied). Vanuit de insteek van dit boek - het werken met diversiteit - zal duidelijk zijn dat communicatietheorieën als die van Hoffman e.a. mij aanspreken. Pinto en Hofstede en anderen ontwikkelden (zeer) bruikbare methodieken en analysemodellen.
Mijn probleem met de laatste twee is dat de focus te eenzijdig op cultuur gericht is. In mijn optiek gaat de verdeling tussen grofmazig en fijnmazig, het G- en F-principe van Pinto (1994), zeker ook of misschien juist wel over sociale klasse, over het onderscheid tussen stad en platteland, de man-vrouwverhouding ofwel masculiniteit en feminiteit, zoals Hofstede (2005) uiteenzet. Het risico van stigmatiseren is te groot. De indeling in de dimensies van Hofstede e.a. levert een zeer bruikbaar analysemodel, maar mijns inziens ook met een stigmatise-

rend, veralgemeniserend risico, omdat het enkel op een engere definitie van cultuur is gestoeld. (Later is het model meer aangepast aan het hier gehanteerde cultuurbegrip.) Hoffman (en Arts) (1994) gaan meer uit van de systeem-/communicatietheorie, evenals Tennekes. Dit geeft volgens mij veel meer ruimte voor diversiteit. Het TOPOI-model van Hoffman is echter nogal gecompliceerd, hoewel het een mooie open blik op communicatiepatronen biedt.

Ik kies ervoor om bekende methodieken intensief in te zetten bij het werken met diversiteit. In plaats van weer nieuwe methodieken te ontwikkelen en uit te werken bepleit ik liever algemeen geldende theorieën intensief in te zetten. Zeer inspirerend vind ik de theorieën van Gloria Wekker (2001) en Haleh Ghorashi (2002) die ik, met enkele begrippen van Hofstede, hierna verder toelicht.

Kernpunten
- Diversiteit gaat uit van meervoudige interne identiteiten die in samenspel met de omgeving oplichten. Daarmee behoort ieder mens tot diverse sociale groepen.
- We verbinden ons met dominante sociale groepen waartoe we behoren en kijken vanuit die positie naar de ander.
- Om te werken met deze interne identiteiten is constructie noodzakelijk. Een constructie kan leiden tot een deconstructie en de deconstructie kan leiden tot zelfsturing.

4 Een caleidoscopische visie

4.1 Inleiding

Diversiteitaspecten die veel invloed lijken te hebben op de begeleidingsvraag, de begeleidingsrelatie en het uitvoerend werk zijn genderrollen, gezinsposities, fysieke mogelijkheden, klasse en etniciteit. Ik zal er hier enkele toelichten, waarbij steeds in acht moet worden genomen dat het geheel meer is dan de som der delen. Dat noem ik hier, in navolging van onder anderen Gloria Wekker, een caleidoscopische visie op diversiteit.
Een caleidoscoop geeft door de weerspiegeling van verschillende kanten een samenspel van vormen en kleuren. Juist doordat de kleuren contrasteren en duidelijk zijn, ontstaat een mooi beeld. Elk deel heeft door anders te zijn invloed op het geheel en versterkt de veelkleurigheid. Ik ga dus niet mee in de metafoor van de 'melting pot' die ook enige tijd populair is geweest, vooral in de Verenigde Staten. Hierbij mixen alle verschillen tot een tamelijk kleurloos geheel. Bij caleidoscopische diversiteit gaat het juist om het waarderen van het verschil.

4.2 Masculiniteit en feminiteit

Een van de dimensies die Hofstede (2005) in zijn onderzoeken aangeeft is die van masculien en feminien. Deze indeling gaat over de mate waarin een cultuur bevorderlijk is voor overheersing, assertiviteit en het verwerven van dingen, tegenover een cultuur die bevorderlijk is voor mensen, gevoelens en kwaliteit van leven. Hij geeft hiermee een onderverdeling in genderrollen aan, die veel verder gaat dan de verdeling tussen man en vrouw. Hofstede onderzocht in diverse landen organisaties op hun feminiteit en masculiniteit.
Als we vanuit het diversiteitsdenken met een breed cultuurbegrip deze indeling bekijken komen we mogelijk tot inspirerende inzichten in het werk van de begeleider. In de begeleiding speelt, zoals gezegd, het

hele veld van begeleider en cliënt een belangrijke, zo niet bepalende rol. Veel veldfenomenen zijn ons wel bekend, maar met sommige raken we pas bekend als we in contact komen met andere groepen, personen, andere rituelen en normen, door aandacht en nieuwsgierigheid voor het onderscheid. Door te focussen op masculien en feminien in diverse situaties kunnen we tot verrassende ontdekkingen komen in relaties, organisaties, sociale verhoudingen en sociale patronen.

Vanuit zijn onderzoek stelt Hofstede vast dat de Nederlandse cultuur tamelijk feminien is: met weinig hiërarchie, veel horizontale communicatie en horizontale beslissingsrituelen en een gezamenlijke verantwoordelijkheid voor de kwaliteit van leven. Het bekende 'poldermodel' past daar prima in: de norm is niet het opzoeken van strijd maar een streven naar harmonie. Niet alleen wordt deze norm weerspiegeld in de horizontale relatie die begeleider en cliënt met elkaar aangaan, hij is ook aanwezig in de hele methodiek van begeleiding.

Hierbij horen bijvoorbeeld een hoge waardering van zelfreflectie, het delen van ervaringen en proces- en relatiegerichtheid. Dit in tegenstelling tot de masculiene doelgerichtheid en het meer competitief verwerven van nieuwe zaken. Het feminiene kijken leidt tot een norm die veel belang lijkt te hechten aan een gelijkwaardige vertrouwensrelatie tussen begeleider en cliënt. Door met deze bril naar de werkelijkheid te kijken, kunnen we zicht krijgen op de normeringen die we gebruiken in onze begeleidingsmethodiek en ook op onze begeleidingsvisie die veelal voortkomt uit een vrij feminiene bekentenissencultuur.

Onderdeel van dit denken in masculien en feminien is uiteraard ook de man-vrouwverhouding, maar dan breder ingezet tot het mannelijke en vrouwelijke van mensen. De indeling feminien en masculien gaat terug naar zeer oude patronen, die we nu niet altijd meer als zodanig herkennen maar die wel doorspelen in onze wijze van voelen, denken en handelen en die soms verrassend actueel zijn. Uit de literatuur van het feminisme en later ook de mannenbeweging is hier veel onderzoek naar gedaan en over geschreven. De pikorde is een van de metaforen voor een masculiene (sub)cultuur. De rangorde die tot stand wordt gebracht biedt een helder, veilig en herkenbaar systeem voor mensen die de masculiene cultuur kennen. De beste of sterkste staat voorop en daarachter volgen de minder sterken; de zwakste staat onderaan.

Een feminiene (sub)cultuur heeft daarentegen meer overeenkomsten met een krabbenmand.[4] Op een mand met krabben hoeft geen deksel, want de krabbetjes houden zichzelf bij elkaar. Zodra een krab omhoog klimt wordt deze door de rest teruggetrokken. In deze metafoor lijkt

---

4 Zie Gleijm (1986).

bijvoorbeeld het kringgesprek goed te passen. Het in een kring uitwisselen van ervaringen is een werkvorm die veelvuldig gebruikt wordt in het basisonderwijs, maar die ook in andere onderwijsvormen en in groepsbegeleiding steeds meer wordt ingezet. Het gaat om het delen en uitwisselen van hoe je bepaalde zaken beleefd hebt. Je kunt elkaar daarbij aankijken en zodoende de relatie onderzoeken en verbeteren of versterken.

Masculiene activiteiten zijn meer gericht op samen iets doen om een doel te bereiken. Samen naar het stadion gaan voor een voetbalwedstrijd en daar opgewonden en geëmotioneerd worden door de actie van de ploeg die je steunt, die laat zien sterker te zijn dan de andere. Samen iets maken, waarbij niet de relatie maar het zo goed mogelijk bereiken van het doel vooropstaat. Ook het bekijken van objecten (auto, motor, boot, verbouwing), een wedstrijd is een manier van samen iets beleven. Het geeft een idee van 'schouder aan schouder', verbroedering, als strijdmakkers. Beelden van broederschap worden vaak in een rij weergegeven, met het gezicht voorwaarts, schouder aan schouder. Dit is bijvoorbeeld te zien bij vissende mannen: op gepaste afstand van elkaar, ergens op gericht, iets vangen (jagen) en daarin de verbinding zoeken. Masculien contact lijkt respect te hebben voor de afstand en competitie, is niet te veel op elkaar gericht (zeker niet in oogcontact) en heeft een duidelijk gespreksthema (liefst een doe-thema).

> De Nederlandse film *All Stars* is een mooi voorbeeld van mannenvriendschap en broederschap. Maar als je hem bekijkt met een internationaal gemêleerde groep, zul je misschien ontdekken dat het een film is die toch in 'feminien Nederland' is gemaakt.

Uit de theorie van de mannenspecifieke hulpverlening is de theorie ontwikkeld omtrent mannelijkheid en de termen macht, almacht en onmacht. De theorie gaat ervan uit dat gedeelde macht lastig is binnen de pikorde. Mannen nemen liever hun plaats in binnen de rangorde van machtsposities onder of boven en almacht of onmacht, waarbij almacht voor een echte man een betere positie is. Controle over het eigen leven en het niet delen leiden tot de rol van 'lonely cowboy', de 'king in his own kingdom'. Het maakt hem tot een almachtige in zijn eigen wereld. Zodra hij met meer mensen zijn intimiteit deelt is die almachtpositie van controle moeilijk te handhaven.

Jan Schippers (1997) problematiseert deze moeite of misschien zelfs afwijzing van intimiteit in de relatie die mannen hebben met seksualiteit. Ook seksualiteit wordt een kwestie van prestatie en rangorde. Dijkstra (1996) geeft in dit kader aan dat jongens die slachtoffer zijn van seksueel misbruik zichzelf bijna nooit als slachtoffer benoemen. Ze zijn eerder geneigd het te benoemen als: 'Ik heb seks gehad', waarbij een mate van trots en macht soms zeker aanwezig is. Dat het niet passend was of onprettig, relatieverstorend, pijnlijk, verwarrend, schokkend, enzovoort, is een ander verhaal dat pas naar voren komt als er ook aandacht is voor het feit dat ze geen slachtoffer 'kunnen' zijn. Een slachtoffer toont dat hij geen 'kerel' is. Onmacht kan wel, maar dan op een heel overtuigende manier. Als je 'slachtoffer' of 'zwak' bent, moet je dat ook echt zijn. Het kan gepaard gaan met veel geklaag en misbaar. Uiteraard moet er wel aandacht voor zijn, want zwakte heeft hulp nodig en liefst een duidelijke oorzaak en dader. (Zoals bij blessures op het voetbalveld: je verbijten of veel misbaar maken en klagen over de overtreding van de ander, om vervolgens weer snel mee te spelen.)

Gedrag dat recht doet aan de mannelijkheid binnen het kader van de mannelijkheidcoderingen of deze waardeert past vaak niet in de algemene begeleidingsmethodieken. Deze werkwijze gaat vaak meer uit van het feminiene: delen, de slachtofferrol aannemen, pijn toegeven, hulp vragen, over gevoelens praten, een vertrouwensrelatie met de begeleider aangaan.

4.3 Gezinspositie

In de systeemtherapie, familieopstellingen en andere stromingen die zich met systemen bezighouden wordt veel aandacht besteed aan de positie in het gezin van herkomst ofwel de eerste organisatie waarmee we in ons leven te maken hebben. Daarbij zijn veel patronen ingeslepen die we in latere organisaties en werkplekken weer geneigd zijn in te nemen. De nestgeur, of die nu wel of niet goed voor ons was, lijken we te willen herkennen in latere systemen (Weisfelt, 1996). We creëren zelfs als het ware weer het oude systeem, om daarmee een bekend gevoel te creëren.

> Een coachingsklant die van huis uit niet de veiligheid had gehad van ouders die hem begrensden was daardoor zelf zeer actief geworden in het onderzoeken van grenzen. Hij stootte vaak zijn neus en ontdekte dat hij hetzelfde gedrag herhaalde in zijn werk. Elke baas die vaag was over grenzen bleef hij bestoken met vragen

in die richting. Als hij geen duidelijkheid kreeg kwam hij in actie, wat hem niet altijd in dank werd afgenomen.

Een supervisieklant, jongste van een groot gezin, bleef in elke situatie eerst op de achtergrond om te zien of ze hem wel nodig hadden. Ondertussen zag hij vanuit zijn positie heel oplettend wie er afhaakte, wie moe was, wie steun nodig had en bood daar steun. Hij kreeg in zijn 'onzichtbaarheid' niet de waardering waar hij stiekem op hoopte en raakte vaak uitgeput en teleurgesteld.

We plaatsen vanuit deze posities niet alleen onszelf in de groep, maar ook de overige personen en de omgeving. Zo kan een oudste kind in nieuwe werksituaties als vanzelfsprekend verantwoordelijkheid op zich nemen en daarmee de andere medewerkers weer tot jonger en onverantwoordelijk maken. De middelste gaat bemiddelen tussen conflicterende personen, de jongste vult de gaten in het systeem en zorgt voor ontspanning, enzovoort (zie oefening 4 in hfst. 12).
Als mensen ervaringen rond hun gezinspositie met elkaar uitwisselen is het boeiend om te zien hoe elke gezinspositie verantwoordelijkheden meeneemt voor het geheel. We zijn in het eerste systeem gewend om ons verantwoordelijk te voelen vanuit onze positie in het geheel en nemen die positie weer in binnen andere groepen en organisaties. Vaak wordt door anderen deze invulling van onze rol niet als verantwoordelijk ervaren. De oudste vindt de jongste niet verantwoordelijk en omgekeerd en hetzelfde geldt voor de middelste. We kunnen niet anders kijken dan vanuit wie we zijn en vanuit de positie die we innemen. Dus kunnen we moeilijk zien welke functie de ander heeft in het systeem en zeker niet hoe we samen als systeem de ander op die plaats houden. Ook de zondebok wordt weer zondebok, het lievelingetje van vader wordt dat weer van de (mannelijke) baas.
Gezinsposities zijn een wezenlijk onderdeel van onze identiteiten. Daarbij is ook de positie van het gezin of de familie in het grote systeem een belangrijke factor. Zo komen we bij sociale klasse.

4.4 Klasse

In de grotere context is de sociaal-economische klasse een belangrijke identiteit. Het systeem waartoe een gezin behoort is behoorlijk bepalend voor de opties die mensen zien. Het geeft aan tot welke netwerken men behoort en de normen en rituelen die men daarbij deelt (zoals tafelgesprekken, borrels en recepties, samen hooi van het land halen, indrinken in boerenschuren, concertbezoek, boeken en films bespreken).

> In het televisieprogramma *Puberruil* ruilen tieners uit het ene milieu voor een week met tieners uit een ander milieu. Dit levert soms verrassende beelden op. Verbazing over hoe mensen die op nog geen tweehonderd kilometer van elkaar wonen zo verschillend leven en heel andere perspectieven, normen en interesses hebben.

> Een onderzoek aan de Haagse Hogeschool[5] liet zien dat er in de groep 'eerste-generatiestudenten' veel overeenkomsten waren wat betreft de mogelijkheden die zij zagen en de manier waarop het sociale netwerk werd ingeschakeld. Hierin werd duidelijk dat kinderen uit tuindermilieus rond Den Haag eenzelfde soort positie innamen als veel migrantenkinderen. Het behoren tot een eerste generatie die verder gaat dan de middelbare school betekent dat men de weg van studiekeuze, stageplek en onder andere beroepsmogelijkheden nog zelf moet uitzoeken en vinden.

Bij deze klassenindeling en de andere indelingen speelt ook de omgeving van stad of platteland een wezenlijke rol, evenals een industriële, handels-, agrarische of dienstverlenende omgeving.

4.5 Etniciteit

Etniciteit is uiteraard een wezenlijk element van onze diversiteit. Net als culturele gebruiken, handelingen, rituelen en overtuigingen speelt huidskleur een rol in het dagelijkse sociale verkeer. Veel identiteiten kunnen worden 'verborgen' maar huidskleur en andere fysieke kenmerken zijn altijd zichtbaar.

---

5 Bestuursvoorzitter Pim Breebaart in een lezing (augustus 2005), refererend aan een onderzoek van Bert van den Bergh e.a.

Huidskleur is zeker door de sociale positie en de geschiedenis niet zonder waardeoordeel te beschouwen. Etniciteit wordt vaak ingevuld als 'niet blank' - alsof het westerse blanke ras geen etniciteit is. Mensen met een tweede- en derde-wereldachtergrond dragen vaak een geschiedenis met zich mee ten opzichte van de eigen ontwikkeling en ten opzichte van de eerste wereld. Alleen al deze benamingen (tweede en derde wereld) zijn een overblijfsel vanuit de koloniale geschiedenis, vanuit een westers dominant perspectief. Kijkend naar het eerder benoemde concept van de waarheid en uitgaand van het 'normale' maakt dit dat eerste-wereldbewoners de wereld benoemen vanuit hun orde. De negatieve invloed (kolonialisatie, slavernij, apartheid, diefstal van kunstschatten) en de militaire ingrepen (Indonesië, Vietnam, Irak) in de wereld worden benoemd als noodzaak om de wereldorde te handhaven.

Het westen heeft regelmatig moeite gedaan om deze geschiedenis collectief te vergeten, weg te stoppen of te bagatelliseren. Dat het voor het westen nog steeds moeilijk is om vanuit andere perspectieven te denken, geeft Kishore Mahbubani (2008) aan in zijn boek *De eeuw van Azië*. Hij laat zien hoe de wereld (politiek en geschiedenis, internationale verhoudingen) vanuit een oosters perspectief bekeken kan worden.

In veel contacten speelt deze eerste-wereldpositie een wezenlijke rol, soms bewust maar meestal onbewust. Racisme en koloniaal hiërarchisch denken is nog steeds van alledag en speelt ook in veel dienstverlenende contacten een rol.

Als we spreken over identiteit, gaat het bij de aandacht voor de migratiebeweging van tweede en derde wereld naar de eerste wereld om drie creatieve afstemmingen (Bos, 2009). Drie taken die aandacht verdienen zijn *a* de verbinding met de wereld daar en toen, *b* de verbinding met de wereld hier en nu, en *c* de verbinding met de in deze context ontstane, opgelegde of gegeven identiteit als de migrant, vluchteling, allochtoon of vreemde.

In de relatie tussen mensen die afkomstig zijn uit de tweede of derde en de eerste wereld gaat het dus ook om de verbinding van personen met een eerste-wereldachtergrond met identiteiten als de autochtoon, blanke en westerling (misschien zelfs de koloniaal of slavenhandelaar). Het niet verbinden met de eerste-wereldachtergrond maakt de westerling tot norm en maakt de dialoog lastig, zo niet onmogelijk. Het bestempelen van de westerling als dader of schuldige kan eveneens leiden tot het maken van een object en ook dit belemmert de dialoog.

Ook hier geldt het principe van zelfregie: hoe laat ik deze identiteit als een bewegend deel van het gehele veld meespelen? Hoe zet ik mijn identiteiten in ten behoeve van de dialoog en niet als vast gegeven? Het wordt vaak als onprettig ervaren als anderen onze identiteit vastzetten. Het benoemen van onze eigen identiteit geeft de mogelijkheid tot bewustwording en emancipatie. Door zelf regie te nemen en te behouden over onze identiteiten - de identiteitendans - kan ermee gespeeld worden, kan uitgezocht worden welk effect deze identiteit heeft op het zelf en op de relatie.

Kernpunten
- Kijken als door een caleidoscoop geeft zicht op de verbindingen tussen alle interne diversiteiten.
- De verbinding van interne diversiteit met aspecten van de grotere wereld, geeft ons inzicht in bepaalde onderliggende patronen van onze interne identiteiten en over de manier waarop onze begeleidingsrelatie wordt beïnvloed door externe en interne omstandigheden.
- Als verschillen te snel worden samengesmolten ('melting pot') verdwijnt het individuele verhaal. Maar dat verhaal verdwijnt ook als we slechts een enkele identiteit nemen of extra belichten.
- Het echte verhaal komt pas tot zijn recht in de verbinding, in de waardering van het verschil. Dan pas is het geheel meer dan de som der delen en ontstaat er ruimte voor echte diversiteit.

5 Begeleiding als vorm van dienstverlening

5.1 Inleiding

Waarom moet er in de dienstverlening en vooral in de begeleiding als specifieke vorm van dienstverlening zoveel aandacht zijn voor diversiteit? Elke dienstverlening is een coproductie waarbij beide participanten zichtbaar en actief betrokken zijn. In deze coproductie is ook hun diversiteit aanwezig. Dit hoofdstuk gaat over het belang van de dialoog, over de manier waarop dienstverlener en dienstvrager elkaar en de situatie wederzijds steeds beïnvloeden in positieve en negatieve zin. Werken met die dialoog geeft de mogelijkheid om de tevredenheid over en het succes van de dienstverlening te beïnvloeden.

5.2 Een dienst is geen product

We verlenen en ontvangen in onze samenleving veel diensten van dienstverleners. Een huisarts, ambtenaar van de burgerlijke stand, controleur van het energiebedrijf, belastingadviseur, buschauffeur, advocaat, maatschappelijk werker, enzovoort, allemaal verlenen ze diensten. Een dienst ontstaat en vindt plaats in relatie tussen aanbieder en aanvrager.
Dit in tegenstelling tot een product. Een product kan worden aangeschaft zonder dat de producent aanwezig is. Het kan los van de producent beoordeeld worden en voldoet dan wel of niet. Bij een dienst is dat lastiger, want bij een dienst is de aanbieder vaak direct of indirect zelf aanwezig. Daarbij is de communicatie tussen dienstaanbieder en ontvanger een belangrijke factor. De dienstverlener is als persoon van belang en soms zelfs doorslaggevend in het succes (Asay & Lambert, 2000).[6]

---

6 Onderzoek Asay en Lambert 2000: 15 procent van het succes is afhankelijk van de gebruikte technieken, 15 procent van het succes is afhankelijk van het

Niet elke dienst wordt door de klant ook als dienst ervaren, en 'een dienst is pas een dienst als die door de cliënt als dienst ervaren wordt' (Vogelezang, 2003). Zo zien sommige reizigers de Nederlandse Spoorwegen eerder als een instantie die hen het reizen lastig maakt dan een dienstverlenend bedrijf dat prettig efficiënt vervoer aanbiedt.

> Leidinggevenden van een gemeentelijk vervoersbedrijf zochten een trainingsprogramma om een omslag bij de chauffeurs teweeg te brengen. Het probleem was dat sommige chauffeurs meer bezig waren om de bus of tram zo snel mogelijk van A naar B te krijgen in plaats van service te verlenen aan reizigers. Sommige chauffeurs leken het bijna als lastig ervaren dat er passagiers mee moesten, dat trage in- en uitstappen vertraagde hun rit.

> Ik reis al jaren zeer regelmatig met de trein en ben nog altijd een fan van deze manier van vervoeren. Zeker meer dan negentig procent van mijn reizen gaat goed. Maar het lukt mij niet om daarmee mensen met andere ervaringen te overtuigen, die mij over hun negatieve ervaringen vertellen. En omgekeerd overtuigen zij mij niet.

Het is een bekend gegeven dat een slechte ervaring niet opweegt tegen veel goede. Dit is een vorm van een dominant discours. Schijnbaar is de maat van de dienstverlening niet objectief af te meten. Dienstverlening is vaak ook een kwestie van gevoel, van emotie. De diversiteit van de klanten is dan ook al jaren een lastig en spannend gegeven in de dienstverlening, een gegeven dat steeds opnieuw creatieve en passende oplossingen vraagt.

De consument verlangt steeds vaker een divers en passend aanbod van de dienstverlener. De samenleving geeft steeds meer ruimte aan het individu en aan individuele keuzemogelijkheden. Dienstverlening wordt daarmee steeds meer een op het individu gerichte bezigheid en daarbij is diversiteit altijd een issue. Klanten die behoren tot een sociale groep hebben soms een collectieve wens, maar omdat elke klant op zich

---

geloof in de techniek, therapie of hulpverlener, 30 procent van het succes is afhankelijk van de daadwerkelijke aandacht die er is voor de cliënt en 40 procent van het succes is afhankelijk van de persoonlijke kenmerken van de cliënt.

weer tot meerdere sociale groepen behoort, is ook dat geen enkelvoudig gegeven.

Dienstverlening ontstaat als een coproductie tussen klant en dienstverlener, tussen aanbieder en afnemer. Het tevredenheidgevoel ontstaat voor een groot deel ook in die onderlinge communicatie. Dienstverlening is een communicatie'product' dat beide partijen nodig heeft om te slagen. Het vraagt daarom steeds om een dialoog, een relatie waarin geen van beide zich als object behandeld voelt. De afnemer en de aanbieder willen, afhankelijk van de soort van dienst, gezien worden als een persoon, als een mens.

5.3 Dienstverlening als dialoog

Dienstverlening is een gemeenschappelijke activiteit van dienstverlener en dienstvrager, waarin beide een andere rol vervullen. Deze samenwerking bepaalt de kwaliteit van de dienst. De rol die beide partijen innemen is gebaseerd op afspraken die al dan niet expliciet gemaakt worden binnen de context van de dienst. De mate van participatie, van activiteit, van expliciete persoonlijke aanwezigheid is per type dienst verschillend. Maar steeds is er sprake van samenwerking, van communicatie en van een dialogisch contact.

In de dialogische relatie worden we al meteen geconfronteerd met de achtergronden van de persoon. Een dienstverlenende relatie kan niet bekeken worden zonder aandacht voor de systemen. Dialogisch werken betekent aandacht voor de achtergronden en de diverse systemen in het gehele veld. Het is werken met de relaties, de verbindingen tussen personen, hun achtergronden en de huidige context. Elke context vereist daarmee een ander soort functioneren van de dienstverlener. Het veelgenoemde 'maatwerk' is daarmee geen eenvoudig concept.

> Een tandarts die een bank bezoekt voor een lening, ziet de bankemployee als dienstverlener. Maar als diezelfde bankemployee bij hem in de tandartsstoel zit om zijn gebit te laten bewerken, is díe weer afnemer van een dienst.

We spelen dus rollen in een context die meestal vooraf bepaald is door de positie die we innemen. Ondanks dat het een rol is die we 'spelen', kan het zowel voor dienstverlener als dienstvrager onprettig en ongewenst zijn om als object gezien te worden. Een tandarts wil graag persoonlijk te woord gestaan worden en een bankemployee wil ook graag als persoon gezien worden. In de communicatie tussen beiden gaat het om de persoonlijke benadering, die naast de professionele vaardigheden en kennis leidt tot een goed resultaat.

Uiteraard verschilt de mate van dit al dan niet 'tot object maken' per dienstverlening. Een therapeut of barkeeper is waarschijnlijk meer aanwezig met de eigen persoon dan een buschauffeur of postbode. De tandarts in het voorbeeld heeft echter waarschijnlijk geen behoefte om te horen welke financiële problemen of successen de bankemployee heeft en deze wil op zijn beurt in de tandartsstoel geen al te persoonlijke verhalen van de tandarts horen. Maar een tandarts die zijn klant onpersoonlijk behandelt wordt meestal niet als prettig ervaren, ook al doet hij zijn werk nog zo vakkundig.

Politieagenten dragen een uniform om als functionaris gezien te worden, maar toch is ook daar het geheel tot object maken meestal niet gewenst. In het omgaan met agressie werkt de politieagent zowel als onderdeel van het collectief als met zichzelf als persoon. Als hij als ME'er optreedt is dat individuele in mindere mate aanwezig dan wanneer hij werkt als wijkagent.

In het tegengaan van agressie wordt vaak gewerkt met het kenbaar maken van jezelf als persoon. Het is voor de gevangenisbewaarder en de gedetineerde belangrijk om helder te houden dat het niet de bewaarder is die de gedetineerde opsluit, maar dat de rechter dat doet (ook in uniform). Die rechter handelt in naam van de wetgever, de overheid. De bewaarder is daarmee een uitvoerder, die in het dagelijkse verkeer met gedetineerden ook gezien wil worden als een persoon die zijn/haar werk uitvoert op een zo goed mogelijke manier.

Bij sommige diensten zijn de rol en de afspraken of verwachtingen helder, binnen andere contexten is het helder maken van verwachtingen een belangrijk onderdeel van de dienst. De mate waarin een klant zeggenschap wil hangt af van de soort dienst en de mate van deskundigheid van de klant. Het moet voor de dienstverlener dus duidelijk zijn in welke mate hij subject is of tot subject gemaakt wil worden in deze relatie en in hoeverre hij de klant als object of subject tegemoet treedt. Uiteraard wil elke klant in zekere zin als mens gezien worden en geldt dat ook voor de dienstaanbieder. Het is een soort manoeuvreren met identiteiten - die van subject en object, functionaris en mens - binnen het kader van de dienst die verleend wordt.

5.4 Begeleiding als specifieke vorm van dienstverlening

Binnen de dienstverlening is het begeleiden van mensen een bijzonder en specifiek aspect van het werk, dat zowel in een professionele als in

een vrijwillige omgeving wordt uitgevoerd. Elke dienst is een coproductie, maar begeleiding vraagt wat betreft houding en methodiek naar verhouding veel bereidheid tot samenwerken. Zoals bij:
- een docent, studieloopbaanbegeleider of decaan en een student;
- een coach en een coachee;
- een therapeut, maatschappelijk werker of hulpverlener en een cliënt;
- een jongerenwerker en een jongere;
- een trainer en een trainee;
- een ergo- of fysiotherapeut en een cliënt.

Juist in situaties waarin communicatie een grote rol speelt - zo niet het meest wezenlijke bestanddeel is van de dienst - is de dialoog van groot belang. Het tot stand komen van een dialoog is immers een belangrijke voorwaarde om te komen tot een passend aanbod dat leidt tot zelfregie, zelfontwikkeling en eigen leiderschap van de cliënt.

> De oudere meneer De Jong staat aan de kant van de weg bij een kruispunt en kijkt wat om zich heen. Paul, een hulpvaardige jongeman, ziet de man staan en denkt dat hij niet durft over te steken. Paul stapt op hem af, neemt hem bij de arm en zegt: 'Kom, ik breng u wel even naar de overkant.' Meneer De Jong is wat verbouwereerd en loopt gewillig mee. Tot hij zich realiseert wat er gebeurt en boos zegt: 'Maar ik moet helemaal niet naar die kant!' 'O sorry,' zegt Paul, 'dan breng ik u toch naar de andere kant?' 'Nee,' zegt meneer De Jong, 'ik stond gewoon even te kijken en jij trekt me mee over de straat. Wat denk je wel niet dat je bent?' Dat brengt Paul van zijn stuk en hij zegt geïrriteerd: 'Nou, bekijk het dan maar!' Hij besluit ter plekke nooit meer oude mensen te helpen; wat een rare, onvriendelijke man! Meneer De Jong denkt: wat ben ik toch een kluns dat ik me zomaar mee laat nemen.

In dit voorbeeld zitten veel facetten van de dienstverlening, zowel positieve als negatieve. Er is sprake van projectie van eigen behoeften, van redder- en slachtoffergedrag, van posities (boven, onder, samen, tegen; zie par. 10.3), van het op de buitenkant afgaan zonder oog te hebben voor wat er zich afspeelt onder de oppervlakte (zie hfst. 6), van schuldgevoel, zich miskend voelen en onvrede bij zowel dienstverlener en aanbieder, van een ziek of gezond makende aanpak, van kwaliteiten die niet gezien worden of die te groot worden ingezet en daardoor leiden tot allergie of valkuilen (zie par. 10.5), van geen oog hebben voor de werkelijkheid van de ander. In deze opsomming herkent u waarschijnlijk al een of meer modellen uit diverse theorieën.

In de volgende hoofdstukken wordt die rol verder uitgewerkt, zowel voor dienstvrager en dienstverlener als voor het dienstverlenende systeem. Hierbij gaat het om de kennis, houding en vaardigheden van de professioneel begeleider, diens communicatievaardigheden en de mate van zelfkennis.

Kernpunten
- Dienstverlening is een coproductie waarin diversiteit, achtergronden en systemen een rol spelen.
- Aandacht voor diversiteit kan de kwaliteit van de dienstverlening vergroten als het verschil werkelijk gezien en benut wordt. Alleen in het verschil kunnen we elkaar ontmoeten, zeker waar het gaat om het vervullen van onze behoeften.
- Het onderscheiden en de aandacht voor het verschil maken een subject-subjectrelatie mogelijk. Het vormt de basis voor een dialoog die de dienstverlening in verscheidene vormen nodig heeft om succesvol te zijn.
- Waarderen van het verschil en gebruik maken van het verschil vereist geen nieuwe methodieken en geen andere houding of werkwijze. Wel een intensieve toepassing of misschien een meer bewuste toepassing ervan.

Deel III Werken met diversiteit

6 Nuttige theorieën over diversiteit

6.1 Inleiding

Dit hoofdstuk behandelt theorieën die als basis gebruikt kunnen worden om intensiever te werken met bestaande modellen en op die manier het werken met diversiteit mogelijk te maken. Het is een combinatie van de gestalttheorie (met name de veldtheorie en het dialogisch contact) en theorie uit de begeleidingskunde (zoals die van McClelland). De combinatie van deze twee geeft een verdieping voor de modellen die later volgen. De theorieën besteden aandacht aan en geven handvatten voor het werken met de verbinding met de hele context, de relatie in het hier en nu en de verbinding met achtergronden van het grotere veld.

Experiment (start). *Stop even met lezen en neem als tussendoortje bij het lezen een appel of iets anders om te eten.*

6.2 Algemene theorie: gestalt

De basis van de gestalttheorie is het gewaar zijn in het hier en nu: het werken met en accepteren van de wijze waarop we contact maken met onszelf, met elkaar en met de ons beïnvloedende wereld. Het gaat daarbij niet om analyseren en interpreteren of proberen door te dringen in het hoofd van de ander, maar om te werken met datgene dat zich aandient in het hier-en-nu-contact. Dit contact is steeds onderdeel van het grotere veld. De dialoog is een manier om te zien hoe het veld zich organiseert in de begeleidingsrelatie hier en nu. Uiteraard is dit een korte versie, waarin een paar wezenlijke begrippen, zoals veld, contact en dialoog, volgens de gestalttheorie worden uitgewerkt en toegelicht.
De gestalttheorie is vooral bekend als therapievorm, met Frits Perls (1969) als grondlegger. De afgelopen decennia heeft de gestalt-

theorie zich steeds meer ontwikkeld en bewezen als algemene begeleidingstheorie.

Elke vorm van contact, dus ook dat tussen dienstvrager en dienstaanbieder, is een constante wisselwerking tussen persoon en omgeving; deze wisselwerking wordt in gestalttermen benoemd als 'het veld'. Elke vorm van contact is een creatieve afstemming op wat voor deze persoon binnen de huidige context nodig lijkt te zijn. De gestalttheorie spreekt daarbij van diverse stijlen van contact maken. Onze omgeving zorgt continu voor bepaalde sensaties en die doen een appel op ons reactievermogen. Reik ik de hand? Trek ik mij terug? Creëer ik een object om mij op af te reageren? Ga ik terug naar eerdere sensaties?

De gesprekspartners in een dienstverleningsrelatie zijn als onderdeel van dat veld steeds onder de invloed van het gehele veld en beïnvloeden het veld in de manier waarop ze contact maken en ervaren in deze situatie. Het gaat daarbij om contact in diverse stadia die bijna niet afzonderlijk te definiëren zijn. Het is contact met zichzelf (lijf, adem, voelen, denken, handelen), met elkaar, met de situatie die zich aandient, met de begeleidingsvraag en met het grotere veld buiten de ruimte waar ze zich bevinden maar waarmee ze wel verbonden zijn. Achtergronden, diverse aannames, ingesleten patronen, familiewaarden, religieuze en sociale overtuigingen, en andere waarnemingen van de werkelijkheid zijn daarmee allemaal van invloed op het hier-en-nu-contact, en vice versa verandert het veld door de manier waarop het hier-en-nu-contact tot stand komt. Beide gesprekspartners zijn met hun achtergrond aanwezig in de dialoog en beïnvloeden dus beiden de wijze van waarop dit contact ervaren wordt. De manier waarop ze dit contact ervaren tekent en bepaalt de manier waarop de achtergrond zich in het hier en nu presenteert.

Het waarnemen, het (her)kennen en werken met de diverse betekenissen vraagt dan ook om intensief te werken aan een dialogische grondhouding, aan een relatie waarin er ruimte is voor een dialoog. Beide personen (subjecten) in deze begeleidingsrelatie hebben een eigen achtergrond en kunnen slechts zien wat ze (her)kennen. Ze doen dit vanuit hun eigen achtergrond en hun perceptie van de werkelijkheid. Door ons gewaar te zijn van deze invloed biedt het ons de mogelijkheid om te werken met de diversiteit en de complexiteit van elk individu in verbinding met zijn of haar wereld, zonder interpretaties en stereotyperingen.

De veldtheorie gaat er dus van uit dat geen enkel contact los kan worden gezien van omgeving, achtergronden, geschiedenis, context, verwachtingen, overtuigingen, enzovoort. Het vastzetten en op de voorgrond plaatsen van elk deelaspect wordt veroorzaakt door en heeft invloed op het geheel. Daarmee is ook gezegd dat geen enkele werkelijkheid gelijk is aan de andere.

> Als mijn eeneiige tweelingzussen ieder in een andere stad een jas gaan kopen, komen ze met dezelfde jas thuis. Maar ook zij zien de wereld elk vanuit een heel ander perspectief. Het interpreteren van deze actie als: 'Zie je wel dat jullie gelijk denken en voelen', doet onrecht aan het feit dat ze in een andere situatie heel verschillend reageren. Als ze vaak te horen krijgen hoe leuk het is om zo op elkaar te lijken, zullen ze zich daar ook meer mee bezig houden in negatieve of positieve zin, en dus zal het hun relatie beïnvloeden.

Experiment (reflectie). *Tijdens het lezen van het voorgaande at je een appel of iets anders. Ga eens na hoe je wel of niet geproefd en gekauwd hebt. At je met of zonder aandacht? Eet straks nog eens iets en probeer je gewaar te zijn van de textuur van wat je eet, de smaak, hoe lang de smaak blijft, hoe je doorslikt, enzovoort.*

6.3 Aanraken van verhalen en identiteiten

Uitgaande van het bovenstaande is het van belang om door te hebben dat het vastpakken van identiteit door zowel begeleider als cliënt de dialoog kan verstoren. Het vastzetten van een deel (ver)vormt de rest van het verhaal, het maakt de persoon tot object en beïnvloedt de relatie.
De contactmogelijkheden die ik heb in een objectpositie zijn beperkt. Ik kan erbij weggaan of het accepteren als mijn opgelegde of aangenomen identiteit: dat ben ik of dat ben ik niet. Perls (1969) gebruikt de metafoor van het kauwen als een manier om niet vast te zetten of te verwerpen, maar om te proeven als actief participerend subject. Proeven wat het met me doet dat ik in het wisselwerkende veld geconfronteerd wordt met een bepaalde beïnvloeding. Wil ik dit? Ben ik dit? Hoe is het om deze identiteit te krijgen of te nemen?
Denk eens aan het net gedane experiment:

Experiment (evaluatie en verbinding met de theorie). Kauwen biedt de mogelijkheid om te proeven of datgene dat wordt aangeboden gezond of ongezond is. Niet kauwen en niet proeven (uitspugen of doorslikken voordat er proeven heeft plaatsgevonden) ontneemt mij de kans om te ervaren wat gezond en ongezond is voor mij. Om te kauwen heb ik een bepaalde agressie nodig: ik moet bijten, kauwen, selecteren, discrimineren.

Woorden als 'agressie' en 'discrimineren' hebben in het algemene spraakgebruik een negatieve klank, maar in de gestalttheorie zijn het belangrijke functies van het organisme om te kunnen ervaren wat gezond en ongezond is in de wisselwerking met het veld. Slechts door aan te raken, te ervaren en te benoemen kan ik mij gewaar worden van mijn behoeften. Ik kan onderzoeken of iets passend, kloppend, (on)gezond makend of helend is.
Hierbij is de eerder genoemde zelfregie (het eigenaarschap) van belang. De begeleider biedt een experiment, een gedachte aan en raakt daarmee een thema aan, maar bepaalt niet, stelt niet vast en maakt niet tot object. De begeleider biedt de steunende en accepterende relatie aan om te ervaren hoe het is om iets te onderzoeken. Het experiëntiële en experimentele karakter van de gestalttheorie geeft de mogelijkheid om de hier-en-nu-relatie als proeftuin te gebruiken. En maakt daardoor een parallelproces mogelijk om te onderzoeken welke verbinding er is met het daar en toen en het daar en straks. De sensatie die de klant ervaart kan aangeven of het verhaal dat hier verteld wordt datgene is dat leeft, of dat het gaat om iets dat men in deze situatie denkt te moeten vertellen.
Het agressief discrimineren is dus vooral een kwestie van aanraken en zeker niet van vastzetten. Het is onderzoeken en niet antwoorden of aan verwachtingen voldoen. Zonder onderzoek lopen we het risico dat de cliënt ons vertelt wat deze projecteert op een bepaalde situatie: 'De begeleiders willen het horen, dus vertel ik dat.' Of in stereotypen: 'De blanke middenklasse begeleiders vinden het belangrijk dat ik over mijn allochtone afkomst spreek. Dus doe ik dat maar, hoewel daar voor mij geen energie in zit.'
Werken vanuit deze dialogische veldtheorie maakt een dynamische werkwijze mogelijk. Het maakt elk contact tot een constant wisselend ervarend veld, waarbinnen de actoren een rol van betekenis krijgen. Werken met identiteiten is dan een steeds bewegend proces van gewaar worden van wat er plaatsvindt op de kruispunten, in het caleidoscopische, van wat zich vormt en omvormt. 'Identiteit als een proces dat op een kruispunt van ervaringen van het verleden en het heden steeds nieuwe vormen krijgt.'[7] In de relatie geeft de persoon steeds

---

7 Prof. dr. Halleh Gorashi bij de aanvaarding van het ambt van bijzonder hoogleraar op 13 oktober 2005.

opnieuw vorm aan het zelf. Waarbij er steeds een creatieve afstemming plaatsvindt die rekening houdt met het gehele veld waarin de persoon zich bevindt.

George Wollants (1998) gebruikt hiervoor het werkwoord 'zichzelven'. In dit zichzelven gaat het in de gestalttheorie om de vragen: Wie ben ik? Wat wil ik? En waar heb ik behoefte aan? Waarbij we met name de laatste vraag in de loop van ons leven vaak aanpassen aan de omgeving. De eerste twee vragen (veelal als vormen van onze identiteit) zijn in sterke mate beïnvloed door de context. Zeker de invloed van onze eerste organisatie, het gezin of de familie, is van grote invloed (Siemens, 2006, p. 36).

In het werken vanuit de gestaltprincipes gaat het er dus om de aandacht (het gewaar zijn) te richten op de manier waarop we onze relaties in het hier en nu vormgeven. In de begeleiding gaat dat over de relatie van begeleider en cliënt, en daarmee ook over de relatie met de eigen achtergronden en de wisselwerking binnen het veld. De hier-en-nu-situatie is de enige werkelijkheid die daarbij direct bewerkt kan worden. Door middel van het parallelproces kunnen we de verbinding maken met de wereld daar en toen of daar en straks. Het hier en nu is de poort van het daar en toen naar het daar en straks. Een ervaring in het hier en nu is nooit gelijk aan daar en straks, maar kan ingezet worden om het gewaar zijn te bevorderen over de manier waarop ik daar en straks handel. De hier-en-nu-ervaring is dan onderdeel van mijn bagage.

Dit verhaal van de bagage (de achtergronden) en haar invloed, wordt in de volgende paragraaf toegelicht.

6.4 Piramide en ijsberg

Werken in de begeleiding kan niet los staan van het gehele veld: de context, de achtergronden, de relatie, het zelfbeeld en uiteraard ook ons beeld over de toekomst. De betekenis hiervan kan goed gerelateerd worden aan de piramide van Bateson en de ijsberg van McClelland. Deze bieden ons twee mooie metaforen om de achtergronden van communicatiepatronen inzichtelijk te maken, beter te begrijpen en te analyseren en daarmee betekenis te geven. Ze bieden de mogelijkheid om te onderzoeken wat de invloed van achtergrond en context kan zijn op het handelen en dus ook op het communiceren van mensen.

Voor het verdiepend werken met diversiteit, met aandacht voor diverse identiteiten, en voor sturen op zelfregie, eigenaarschap en authenticiteit zijn het zeer bruikbare inzichten. Vooral de metafoor van de ijsberg heb ik vaak en intensief gebruikt in het werken met diverse klanten. Ik ben daarbij al onderzoekend tot de ontdekking gekomen dat ijsberg en piramide mooi samengevoegd kunnen worden tot een bruikbaar geheel. Met enkele toevoegingen en wijzigingen kan dit een model worden dat we kunnen inzetten om ons te helpen de diversiteit op diepere lagen te doorgronden.

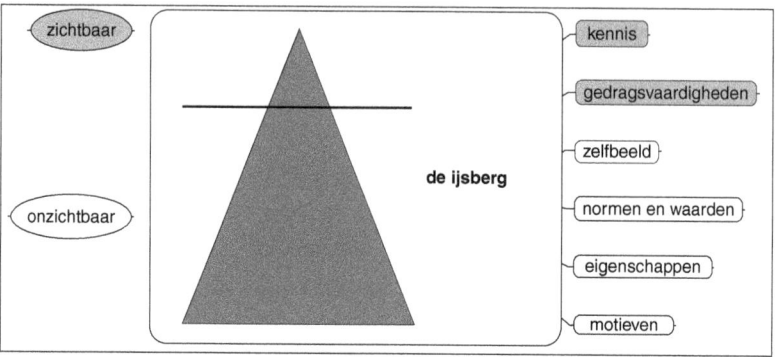

Figuur 2 *Schema volgens McClelland.*

McClelland vergelijkt in dit model het contact met de cliënt als kijken naar een ijsberg. Er is een deel boven en een deel onder de waterspiegel en dat beïnvloedt wat we zien. De auteur gaat ervan uit dat er een opbouw is, een rangorde in belangrijkheid en een volgorde van zichtbare en onzichtbare aspecten die een rol spelen in ons handelen, voelen, denken en willen.
Het model laat zien hoe gedrag (het gedeelte boven de waterspiegel) steeds een zichtbare vertaling is van onderliggende zaken (het gedeelte onder de waterspiegel). Ervaringen zijn vaak onzichtbaar voor zowel de begeleider als de cliënt. Soms zijn ze onbekend, zoals normen, waarden en motieven. Soms ook bewust of onbewust weggestopt. Terwijl we in de communicatie vaak ingaan op het zichtbare, dus het topje van de ijsberg, is het werkelijke verhaal onzichtbaar. Echte botsingen tussen mensen vinden juist plaats in de onderliggende lagen. Door in te gaan op het zichtbare lopen we het risico slechts bezig te zijn met een buitenlaagje, het topje van het probleem, en missen we de essentie. Zeker in de begeleidingskunde is dit werken met diepere lagen een wezenlijk onderdeel.
Bateson heeft het in de metafoor van de piramide (zie figuur 4) over een soortgelijke rangorde. Ook hierbij is er sprake van een gelaagdheid en rangorde van thema's: zingeving, identiteit, overtuigingen, capaciteiten, gedrag en omgeving.

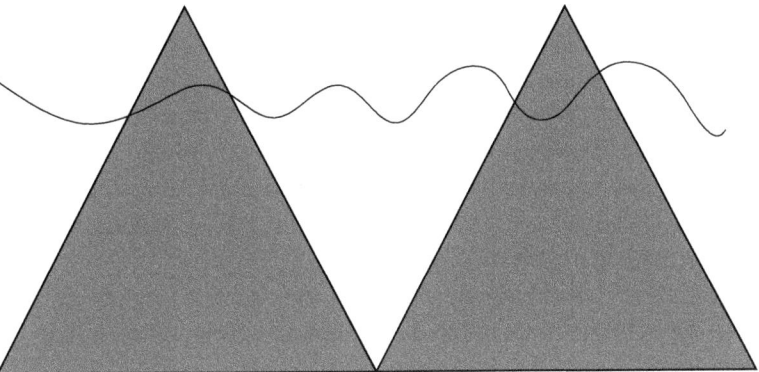

Figuur 3 Twee ijsbergen die botsen onder water.

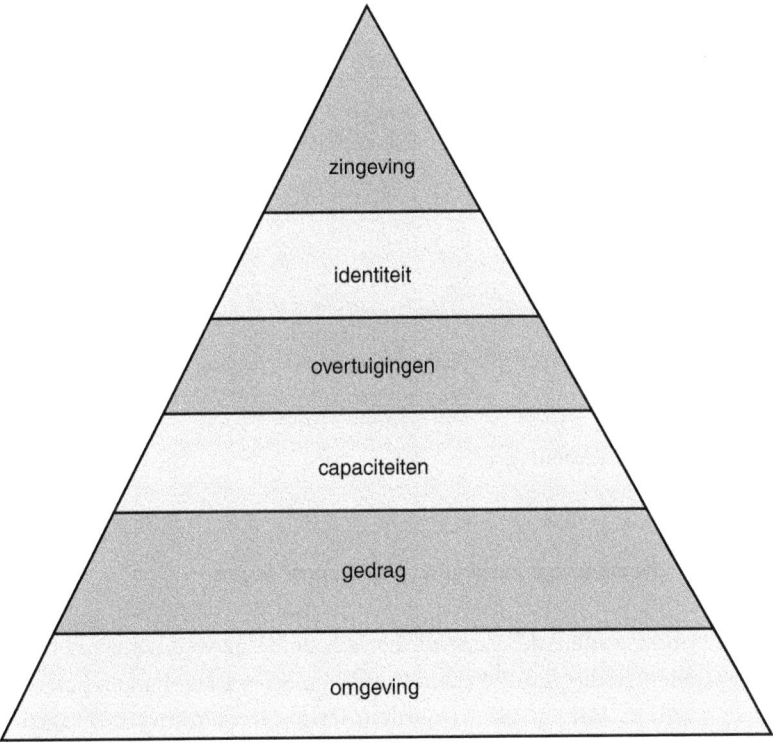

Figuur 4 Schema volgens Bateson.

Ik wil deze beide modellen graag combineren. Daarbij heb ik twee elementen toegevoegd aan het model van McClelland om het beter toepasbaar te maken voor het werken met diversiteit.

Bateson maakt omgeving tot onderste laag van het model. Als we echter de bovengenoemde veldtheorie volgen, is de context overal aanwezig en zijn we er zelf beïnvloedend onderdeel van. Deze term (omgeving of context) zou dan rond het model en ook dwars door het hele model geplaatst moeten worden. We zijn immers vormend onderdeel van de context, van het veld en vice versa. Verder stel ik voor de volgorde van Bateson om te keren, omdat zingeving de basis lijkt. Zo maak ik beide modellen tot een ijsberg.

Vervolgens geef ik de volgende invulling. De onderste laag van de ijsberg - die ik als het ware in een dieper, meer troebel, ondoorzichtig watergebied plaats - wil ik benoemen als familiewaarden en diepe geraaktheid. Daarboven plaats ik waarden, identiteiten, normen en capaciteiten of vermogens. Boven de bovenste waterlijn plaats ik gedrag, waarbij ook taal en rituelen geplaatst kunnen worden (zie figuur 5).

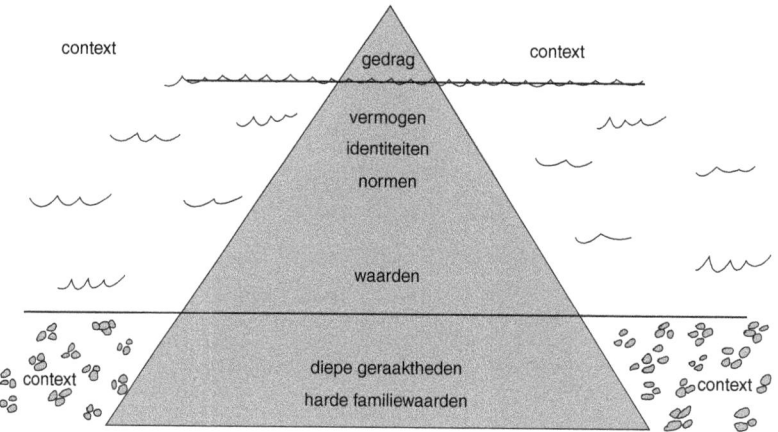

Figuur 5 *Mijn schema.*

6.5 Werken met aandacht voor diepere lagen

Vanuit onder andere de systeemtheorie is duidelijk welke invloed familiesystemen en dus familiewaarden hebben op ons staan in en beleven van de wereld. Het zijn oude waarden, scripts en diepe overtuigingen die ons, vaak op een onbewust niveau, beïnvloeden. In gestalttermen zijn het introjecten (ingeslikte boodschappen) die vanuit een confluentiecontract (willen of moeten samenvallen) met de familie worden aangenomen en overgedragen. De behoefte aan confluentie met de

familie, met familiewaarden, komt voort uit een primaire wens[8] om ergens bij te horen, een eenheid te zijn en min of meer samen te smelten met de 'onzen'.
Soms zelfs geven we de eigen identiteiten, de eigen behoeften en wensen op ten behoeve van de eenheid in de familie. Diepe geraaktheden zijn hier vaak aan verbonden. De familie heeft haar wortels in de sociale, economische en levensbeschouwelijke geschiedenis. Deze diepe geraaktheden zijn beïnvloed door bijvoorbeeld:
- grote incidenten (het overlijden van een dierbare op jonge leeftijd, oorlog, een traumatische gebeurtenis);
- sociale omstandigheden (boerenfamilie, handelsfamilie, vissersfamilie);
- sociale strijd (familiegeschiedenis als vluchteling, achtergestelde of juist als machthebber, voorvechter van politieke of religieuze emancipatie);
- levensbeschouwing (spiritualiteit, religie, politieke overtuiging).

Dit soort diepe overdraagbare aspecten van ons leven, van onze achtergrond, vormen dus de basis, de vaak onzichtbare en soms wat troebele onderstroom. Het is belangrijk om te weten dat hier zowel verleden als toekomst een rol speelt. Soms is de invloed van het verleden op het hier en nu voor de persoon zelf niet even duidelijk. En zeker voor de toeschouwer, de begeleider, zijn ze niet eenvoudig zichtbaar en merkbaar. Het gaat er dus om te zien welke invloed deze onderlagen hebben op de lagen er boven.
Boven en in samenhang met de diepere, wat onzichtbare lagen, komen zaken als overtuigingen, waarden, identiteit, normen en onze vermogens. Dit zijn zaken die al wat bekender zijn, maar zich nog wel onder de waterspiegel bevinden en in deze volgorde vanuit de diepe geraaktheden naar de oppervlakte komen, zichtbaarder worden. Uiteraard is dit niet een wiskundige reeks. Er zijn lagen die wisselen in de rangorde. Zo zijn sommige identiteiten (religie, onzichtbare fysieke beperkingen, enzovoort) meer in de onderste lagen te vinden en zijn andere (huidskleur, leeftijd, beroep) aan de oppervlakte zichtbaar. Sommige capaciteiten, vermogens zijn heel merkbaar en andere zijn wat meer verstopt.
Als we uiteindelijk boven de waterlijn komen zien we het zichtbare gedrag als de top van deze ijsberg. Dit zijn de handelingen, rituelen,

---

8   Zie de behoeftenhiërarchie van Maslow. In andere theorieën (bijvoorbeeld die van Kuo-Shu Yang of Nevin) staat de behoefte om ergens bij te horen soms nog hoger in de hiërarchie.

kleding, taal, enzovoort, met andere woorden: datgene dat anderen aan ons kunnen aflezen en kunnen waarnemen in het sociale verkeer. Zoals gezegd, de context zweeft door het geheel en om het geheel heen en beïnvloedt de manier van kijken en de wijze waarop zaken zich aan ons presenteren.

Het vergroten van het gewaar zijn over deze achtergronden en de invloeden van het gehele veld kunnen ons helpen om onderlinge communicatiepatronen beter te begrijpen en om beter zicht te krijgen op de belemmeringen en kansen van de cliënt. Werken met deze metafoor geeft een manier van denken, ervaren en handelen die ons helpt om niet alleen op het zichtbare en het uiterlijke in te gaan. We kunnen samen met de cliënt onderzoeken welke boodschappen zich genesteld hebben in de diepere lagen en wat hun invloed is op de hogere lagen. Als we de leefwereld van een ander willen onderzoeken, moeten we ons terdege realiseren dat er meer verhalen en meer invloedslijnen aanwezig zijn dan datgene wat zich in eerste instantie aan ons presenteert. We moeten rekening houden met de valkuil van te snel willen begrijpen, te snel willen interpreteren en te enkelvoudige verbindingen willen leggen. We kijken en luisteren en ervaren enkel met en vanuit ons eigen referentiekader, ons eigen raster, onze eigen diepere lagen. Zoals in eerdere hoofdstukken is besproken, kunnen we slechts zaken herkennen vanuit het ons bekende. Dat betekent dat we niet alleen op de ijsberg van de ander moeten letten. De veldtheorie en de dialoog in gedachten houdend hebben we al eerder gekeken naar de manier waarop wij zelf in het veld aanwezig zijn. Waarbij de interpretatie van het zichtbare het risico in zich heeft dat we dat zien vanuit onze diepere lagen.

Het potentieel aanboren dat in het contact is met het heden vereist aandacht en gewaar zijn voor de manier waarop contact gemaakt wordt met wat iemand zegt, doet, voelt en denkt. Welke invloed heeft dat op onze eigen achtergronden en hoe speelt dit mee in het contact? Dat is een weten, een gewaar zijn van het grotere veld. Ons lichaam geeft hierbij vaak goede signalen (zowel bij cliënt als begeleider). Fysieke oefeningen en fysiek gewaar zijn helpen dan ook bij het werken met gewaar zijn bij zowel onszelf als bij de cliënt.

Vanuit het dialogisch velddenken realiseert de dienstverlener zich dat hij zichzelf niet tot 'neutraal' object kan maken. Slechts een begeleider die zich gewaar is van de eigen geraaktheden kan als subject actief en aanwezig zijn in de dialoog. De begeleider weet dat hij zelf ook creërend onderdeel is van het veld. Als hij zichzelf of de klant tot object maakt, is een dialoog niet mogelijk.

Onze eigen achtergrond kan niet losgekoppeld worden van hoe we de werkelijkheid ervaren en dus erkennen we hiermee dat elke vorm van communicatie beïnvloed wordt door de diverse achtergronden. De betekenissen die we aan het zichtbare, het merkbare geven, zijn binnen een bepaalde context ontstaan. Datgene dat in de huidige context op de voorgrond verschijnt heeft te maken met de wijze waarop het gehele veld, waarvan wij ook een scheppend onderdeel zijn, zich manifesteert. Onderzoek van de eigen achtergrond en gewaar zijn van de invloed van de huidige context kunnen zo de dienstverlener helpen om te zien of het gedrag van de ander wel zo eenduidig is als dit lijkt. Klopt mijn interpretatie van het gedrag met dat wat de ander wil uitzenden?

> Het naar beneden kijken van een vrouw uit een Aziatisch land kan voortkomen uit de diepere waarde van respect, terwijl het voor een westerse vrouw diepe geraaktheden als onderdanigheid betekent of bescherming tegen de blikken van mannen. Met agressief gedrag wil een jongeman misschien laten zien dat hij niet bang is, terwijl het voor iemand anders niet meer is dan brutaliteit. Als twee mannen elkaar zoenen wordt dit in de Marokkaanse context gezien als een uiting van vriendschap of broederschap en in een andere context als een homoseksuele handeling.

Heb je zelf wel eens een vooroordeel van anderen ervaren? Een mening over je manier van gedragen, uiterlijk of houding? Hoe vond je het om zo beoordeeld te worden? Kijk eens in hoeverre dit past in het ijsbergschema. Wat zou iemand moeten doen of vragen zodat je bereid bent na te gaan met welke achtergrond het gedrag te maken heeft? Welke invloed heeft jouw achtergrond op het interpreteren van gedrag van anderen? Denk bijvoorbeeld aan mensen met een fysieke beperking, andere huidskleur, andere seksuele gerichtheid, andere kledingstijl (subcultuur), ander stemgebruik, andere taalvaardigheid of assertiviteit.

6.6 Emotie stopt en start contact

Een van de aspecten die we met bovenstaande theorieën kunnen bekijken is onze manier van omgaan met emoties. We hebben, zeker op emotioneel gebied, veel gedragingen die we van onszelf niet altijd begrijpen en die, objectief gezien, soms ook helemaal hun nut verloren lijken te hebben. Soms zijn die zelfs in vroeger tijden 'opgeslagen' in diepe hersenlagen. In zijn boek *De emotie* geeft Nico Frijda aan hoe wij bepaald gedrag vertonen vanuit dierlijk gedrag dat in ons huidige leven geen betekenis meer heeft. Zoals blozen, haren die overeind gaan staan en kippenvel krijgen. Hetzelfde geldt soms voor bepaald mannelijk en vrouwelijk gedrag of oude patronen uit onze familiegeschiedenis. Ook zeer traumatische gebeurtenissen kunnen dergelijk gedrag veroorzaken bij groepen en individuele personen. Dit zijn zaken die onder in de ijsberg verscholen kunnen liggen.

De invloed van diepe geraaktheden en familiewaarden is ons dus niet altijd bekend. Het onderzoek hiernaar vergt daarom soms veel tijd en lef, openheid, acceptatie en het werkelijk spiegelen met de ander. Alleen de werkelijke ontmoeting, waarbij zelfonderzoek een wezenlijk onderdeel is, kan ons vertellen wie we zijn. 'Als ik mijn ruimte neem en jou je ruimte laat, hebben we elkaar zoveel mooie verhalen te vertellen', heb ik eens als tekst op een nieuwjaarskaart geschreven. Hierbij komt het thema 'vertragen' van pas (zie par. 8.3). Slechts in de vertraging is er ruimte voor onderzoek van het niet-vanzelfsprekende. Het werkelijk kennen heeft meer nodig dan een oppervlakkig weten. Het heeft stilstaan, benoemen en vastpakken nodig. Kauwen en proeven geeft ons zicht op de betekenis van emoties.

> Tijdens een stage in een wooncentrum voor mensen met een fysieke beperking kwam ik in de gangen vaak een man tegen die zich voortbewoog al liggend op een rijdend bed. Zijn lichaam gaf hem niet meer de kans in een rolstoel te zitten. Hij had een jonge krachtige uitstraling in zijn gezicht. Steeds als we elkaar tegenkwamen was ik nieuwsgierig en wist ik niet goed waar te kijken. Het was een confrontatie zoals ik die wel meer had bij bepaalde fysieke gesteldheden van mensen die daar woonden. Ik schrok eigenlijk als ik hem zag. Ik wilde hem gewoon begroeten en 'normaal' tegen hem doen, maar dat lukte niet goed.
> Tot hij eens vriendelijk zei: 'Kijk maar even.' Ik voelde me betrapt en een slechte stagiaire, maar ik keek toch. Dit gaf achteraf een enorm gevoel van opluchting. Na dit incident kon ik zien dat hij meer was dan zijn handicap. Er kwamen meerdere identiteiten boven en het bleek een krachtige, slimme en zeer geestige man te zijn. Ik daalde af naar facetten van hem onder het topje van de ijsberg.
> Mijn emotie hield me in eerste instantie af van contact, terwijl ik tegelijk enorm met deze man bezig was en dus wel veel contact had met mijn schaamte en afweer. Schaamte is zo'n op diepere

lagen vastgezette manier van omgaan met emotie: ik maak zowel van mezelf als van de ander een object en ga ver weg van de dialoog (zie verder par. 10.7).

Wat is jouw reactie op iemand die afwijkt van de norm in kleding of lichamelijke kenmerken? Kijk je openlijk? Stel je vragen? Schaam je je dan, voor je nieuwsgierigheid, geschoktheid of je neiging om te lachen?

Kernpunten
- Met een combinatie van de theorieën van McClelland en Bateson en de gestalttheorie kunnen we goed kijken naar de manier waarop we contact maken met anderen. Het ijsbergmodel laat zien dat we vaak slechts gericht zijn op het bovenste en zichtbare deel van de ijsberg.
- Daarbij is er altijd een oordeel aanwezig vanuit de eigen onderste lagen, over het gedrag van onszelf en dat van de ander. De veldtheorie noemt dat het fenomenologische, datgene dat op de ontmoetingsgrens met de 'buitenwereld' merkbaar is. Het is een toplaag die soms diepere onderlagen raakt.
- Ook de begeleider kan geraakt worden door beelden die bij de cliënt aan de oppervlakte zichtbaar zijn. Wat hij waarneemt aan de oppervlakte kan iets op eigen diepere lagen raken, waardoor hij zich daar al bewust of onbewust van kan afkeren.
- Gerichtheid op het topje van de ijsberg kan ons belemmeren om verder te onderzoeken wat er onder de waterlijn schuilgaat. We vellen een oordeel, maken de ander tot object, waarna we stoppen met het onderzoek en de dialoog. De dialoog heeft inzicht nodig in de diepere lagen en in de manier waarop deze zich in het hier en nu vormen of laten zien.
- Aanraken van thema's geeft ons de kans deze te onderzoeken. Met het vastzetten of vermijden van thema's bereiken we het tegenovergestelde.
- Dit ervaren, onderzoeken en bewerken kan alleen in het hier en nu, met respectvolle, open aandacht voor achtergronden in verleden, heden en toekomst. De begeleider draagt zorg voor een relatie die dit onderzoek steunt, prikkelt, draagt en plaatst in het kader van de begeleidingsvraag.

In de volgende hoofdstukken bekijken we twee praktijksituaties op mogelijkheden en valkuilen voor het werken met diversiteit. We bespreken de invloed van achtergronden bij zowel begeleiders als cliënten en bekijken hoe we bovenstaande theorieën kunnen koppelen aan de praktijk.

7 De praktijk: Marokkaanse jongens

7.1 Inleiding

In de hoofdstukken 7 en 8 worden twee cases uitgebreid behandeld, waarbij steeds bekeken wordt hoe de situatie is bewerkt vanuit het diversiteitsdenken. De in het voorgaande besproken theorieën zullen her en der worden aangehaald en toegelicht. Daarnaast passeren andere theorieën de revue. Enkele daarvan worden in de aansluitende hoofdstukken 9 en 10 verder bekeken op hun inzetbaarheid voor een diversiteitsintensieve begeleidingspraktijk.

7.2 Project voor begeleid wonen

Na een periode bij een zelforganisatie van Marokkanen (zie hfst. 2) kwam voor mij medio jaren tachtig de volgende kans: 'Op te zetten een begeleid-wonenproject bij Stichting 'X' in Amsterdam. Een baan voor twee jeugdhulpverleners van Nederlandse en Marokkaanse afkomst.' Die advertentie voor een project voor Marokkaanse jongens sprak me aan. Ik was opgeleid als jeugdhulpverlener, was tijdens mijn stages en in mijn eerste baan nogal teleurgesteld geraakt in de aanpak van veel instellingen en had de hulpverlening eigenlijk de rug toegekeerd. In veel jeugdhulpverleningsinstellingen werd de persoon van de jongere naar mijn idee te veel gezien als het probleem, los van de maatschappelijke context.

In mijn ervaring en maatschappelijke visie is het probleem niet de jongere zelf, maar is het een lastig gegeven voor het gehele systeem hoe individu en omgeving zich telkens weer op elkaar afstemmen in een steeds veranderende wereld. Jongeren hebben hierin een rol die de gevestigde orde nogal eens aan het wankelen brengt. En de gevestigde orde heeft de rol om jongeren weer een plaats te geven in het systeem, waarbij de gevestigde orde ook niet voorbij kan gaan aan ontwikkelingen in de wereld. Zo is er sprake van een dynamisch veld waarin diverse rollen zijn. Hierbij is ook elk familiesysteem verbonden met en ingebed in een nog groter sociaal systeem.

Dit geheel is een belangrijke oorzaak dat jongeren in de hulpverlening terechtkomen. Het maken van het individu tot 'het probleem' gaat voorbij aan dit veel complexere systeem (zie de veldtheorie in hfst. 6). Tot mijn grote schrik bleek het systeem van de hulpverlening zelf ook regelmatig een belangrijke bijdrage te leveren aan het probleem dat jongeren ervaren. Juist door de jongere te categoriseren tot probleem en door zichzelf tot goed te bombarderen; een voorbeeld van een object-objectbenadering. De instelling weet wat goed is, de hulpverlener is zogenaamd neutraal en het eigen verhaal van de hulpverlener doet er niet erg toe. Dit alles gaat voorbij aan het veel complexere verhaal van de individuele jongere. Maar ook zeker aan het nog complexere verhaal van alle normen, voortkomend uit zeer diverse achtergronden, die elkaar hier ontmoeten.

Mijn baan in dit begeleid-wonenproject leek een mogelijkheid om maatschappelijke betrokkenheid te combineren met de maatschappelijk betrokken methodiek van deze hulpverleningsinstelling. De organisatie profileerde zich als maatschappijkritisch, werkend met een horizontale structuur en met aandacht voor culturele verschillen. Het leek een goede mogelijkheid te bieden een project op te zetten waarin de jongeren centraal stonden.

7.3   Thick identity

Dit verhaal laat zien hoe de term 'thick identity' van Haleh Gorashi (zie hfst. 3) op organisaties en methodieken van toepassing kan zijn. De Amerikaanse cultuur noemt deze auteur dun maar heel hard. Moeilijk in door te dringen, maar als je erin zit, zit je er ook in. De Nederlandse cultuur noemde ze 'thick' ofwel dik en rubberachtig. Het lijkt alsof je zacht opgevangen wordt, de grond veert mee. Het geeft daarmee de indruk dat je er in past, maar je veert ook zo weer terug en echt er in doordringen is lastig.

Het voorbereiden en opzetten van het project bleek een zeer moeizaam proces dat uiteindelijk toch behoorlijk geslaagd is. Al snel na de start bleek dat er binnen de instelling veel meer verzet leefde dan het eerste beeld deed vermoeden. Het doel van de instelling was om een categoraal begeleid-wonenproject op te zetten, gericht op Marokkaanse jongens. Dit project zou moeten passen binnen deze algemene instelling voor begeleid wonen. Een speciaal project om Marokkaanse jongens de mogelijkheid tot begeleid wonen aan te bieden.

Het werd een zoektocht van maanden, met veel interne discussies en gesprekken met jongerencentra, het JAC, hulpverleners, politie, enzovoort. Het leek een stoelendans waarbij iedereen het probleem benoemde, maar waarbij de jongens zelf niet echt zichtbaar werden. Her en der werden problemen gesignaleerd, maar het was niet een verhaal met een concrete, duidelijke vraag en zeker geen vraag die paste binnen het concept waarmee wij de markt opgingen. Er was een vraag voor opvang van een groep Marokkaanse jongens, maar wij zaten vast aan een concept dat niet paste op de werkelijkheid. De werkelijkheid was veel veelkleuriger dan de uitgangspunten die voor het project omschreven waren.

Bij nader inzien bleek dan ook dat deze organisatie, de gehanteerde methodiek en de visie niet zo algemeen waren. De medewerkers kwamen vooral uit de blanke middenklasse en de organisatie was tamelijk feminien. Vanuit die (niet-benoemde) achtergronden werd de norm gesteld over wat een goede hulpvraag is. Een eis die voor veel groepen nogal een hoge drempel opwierp. De gehanteerde methodiek bleek daarbij behoorlijk stug en zeer principieel. De norm was: een jongere moet gemotiveerd zijn om hier te kunnen komen. Daarbij moeten ze toekunnen met een minimum aan begeleiding. Ze moeten zich in een groep kunnen handhaven en verbaal behoorlijk vaardig zijn. Hulpverlening moeten ze zelf zoveel mogelijk organiseren.

Het warme nest bleek daarmee toch wat minder open en veilig dan gedacht. De horizontale organisatiestructuur bleek die van een perfecte krabbenmand. Alles wat boven het gemiddelde niveau wilde uitstijgen werd met vereende krachten weer naar beneden gehaald. Er werd nauwelijks open gediscussieerd over het waarom van de regels, wel werd er zeer emotioneel gerefereerd aan de uitgangspunten en principes van de instelling. Aan die groepsnorm mocht niet getornd worden. De horizontale structuur, die me eerst zo aansprak, werd voor mij en mijn twee Marokkaanse collega's een taai gevecht. Een goede manier om flink te gaan twijfelen aan onze eigen deskundigheid; de reden waarom we waren binnengehaald.

Na een onderzoek van maanden, met veel onduidelijkheid en tegenwerking van binnen en buiten de instelling maar gelukkig met een goede werkbegeleiding, konden we uiteindelijk de ruimte betrekken die we nodig hadden.

7.4 Van specifiek naar intensief

Toen eenmaal de grote hobbel genomen was om een afwijkende en eigen methodiek te mogen ontwikkelen konden we twee huizen voor begeleid wonen voor Marokkaanse jongens realiseren. Later kwam met een iets andere opzet ook een huis voor islamitische meisjes tot stand. De aanpak in dit project was directiever dan gebruikelijk. Dichter op de huid van de jongere, met meer aanwezigheid van de begeleiders, en er werd niet uitgegaan van een (verbaal) gemotiveerde hulpvraag maar van een zichtbare noodzaak tot huisvesting plus begeleiding. Ook vonden we het van belang om het project bekend te maken bij diverse groepen en zelforganisaties in de Marokkaanse gemeenschap. We waren zo open mogelijk over wat we wilden doen, want we wilden voorkomen dat het een geheim project zou worden. Hiermee hoopten we de indruk weg te nemen dat we jongens bij hun ouders wilden weghalen om ze tegen hen op te zetten, zoals in de Marokkaanse gemeenschap wel gedacht werd.

We gingen er ook van uit dat veel jongens niet zouden zeggen dat ze begeleiding nodig hebben, maar eerder om een dak boven hun hoofd zouden vragen. Vanuit het idee dat hulp vragen niet bepaald stoer is, want je moet het als jongen toch alleen kunnen en je wilt zeker geen watje zijn (laat staan een watje dat huilt). Vertrouwen gaven deze jongens ons pas als ze te zien kregen dat we werkelijk iets voor ze konden doen ('Geef me eerst maar een kamer'). Vertrouwen kregen we niet om onze functie ('Hoezo ben je hulpverlener als je alleen maar lastige vragen stelt en veel praatjes hebt?').

Toen ze erop vertrouwden dat we echt iets voor ze konden doen en hen zeker niet 'zielig maakten', ze eenmaal in het huis zaten en het leven een beetje op orde hadden, kwamen bij de meeste jongens de verhalen los. Maar het liefst deden ze dit verhaal als we samen iets aan het doen waren: tv-kijken, een computerspel spelen, voetballen, lopen, enzovoort. Voor veel jongens en mannen is een 'face to face'-gesprek immers ongemakkelijk (zie par. 4.2).

7.5 Masculien en feminien

Toen ik later eens voor langere tijd in Marokko verbleef, zag ik het volgende tafereel op straat. Het gaf mij veel inzicht in de werking van patronen die mij in het huis waren opgevallen.

> Twee jongens kregen ruzie op het plein bij het station. Ik zag hoe ze met veel misbaar een stok en een steen opraapten en elkaar bedreigden. Schreeuwend sprongen de herriemakers op elkaar af, terwijl er allerlei mensen omheen kwamen staan. De ene jongen werd vervolgens hardhandig door de ene groep omstanders

tegengehouden, de andere door een andere groep. Het 'macho-gebrul' kon zo nog even doorgaan. Ik realiseerde me achteraf dat niemand had geprobeerd om de jongens tot bedaren of tot inzicht te brengen. Ze hadden zich verzameld om in te grijpen maar de jongens hoefden zich niet in te houden.

In Nederland zou er zeker op hen zijn ingepraat. Omstanders proberen ruziemakers hier tot inkeer en zelfreflectie te brengen, met zinnen als: 'Hou je in', 'Doe niet zo gek', of: 'Kijk eens wat je doet.' Met aansporingen tot reflectie over dat het slecht is wat je doet en dat het beter is om op te geven en niet in gevecht te gaan. In een macho-omgeving staat opgeven echter gelijk met het tonen van zwakte, en wie opgeeft gaat akkoord met zijn positie als zwakkere.
In het project hoorden we regelmatig als we de trap opliepen deuren slaan en geschreeuw, als we boven waren werden de jongens opgefokt en bedreigden elkaar met (voor mij) heftige woorden. Van ons werd dan helder optreden verwacht. We moesten in onze hiërarchische positie gaan staan om de zaak op te lossen.
Maar dat was niet de manier waarop ik opgeleid was. Ik was hulpverlenend opgeleid met overleg en het aanspreken op eigen verantwoordelijkheid. Ik moest die 'comfortzone' verlaten en bekijken wat werkte. Ik merkte dat het voor de jongens veiliger werd en dat ze mij als duidelijk ervoeren. Ik had meer contact met hen. En dat terwijl ik vanuit mijn (beroeps)socialisatie verwachtte dat het contact minder zou worden.
Een bijzondere bijkomstigheid bij het ontwikkelen van deze methodiek was dat de 'Marokkaanse methodiek' erg goed bleek te werken bij een aantal andere projecten binnen deze instelling. Het diversiteitsdenken leidde aldus tot andere creatieve oplossingen. Het bleek namelijk dat veel jongeren (zeker jongens) met een lagere sociaal-economische achtergrond en ook jongeren die een periode op straat hadden geleefd veel baat hadden bij deze methodiek. We hadden blijkbaar niet een exclusieve Marokkaanse methodiek ontwikkeld, maar een klassenspecifieke en meer masculiene methodiek. Een methodiek begeleid wonen voor jongeren die minder sterk waren in zelfreflectie en het vertellen hierover en die 'straatwijsheid' hadden ontwikkeld.

7.6 Een specifieke methodiek

Waar de methodiek soms specifiek genoemd kan worden, was bijvoorbeeld bij verhalen over vermeende mishandeling. Mijn collega vroeg dan: 'Mag ik eens kijken hoe het er nu uitziet?' Dat was geen vraag die ik in mijn hulpverleningsopleiding geleerd had te stellen. Hierbij speelt een rol dat deze Marokkaanse jongens van elkaar gehoord hadden dat je bij Nederlandse hulpverleners indruk kon maken met verhalen over fysieke straf en zij vaak het beeld hadden dat Marokkaanse vaders dat regelmatig deden. De jongens wisten dat ze met zo'n verhaal konden scoren en een kamer konden krijgen bij een instelling. Mijn Marokkaanse collega wist daarvan en dus stelde hij de vraag, wat voor mij een blijk van wantrouwen zou zijn. Niet alleen de Marokkaanse achtergrond speelt hier een rol, maar ook het mannelijkheidsidee. Als je hulp nodig hebt, dan alleen omdat je echt ernstige problemen hebt. En daar past slaan beter bij dan niet achter de keuze staan van je ouders of bang zijn voor je vader of een ander 'slachtofferverhaal'. Onder andere om deze reden gingen we er meestal niet meteen toe over om een jongen te plaatsen. Niet de test op gemotiveerdheid speelde hier een rol, maar de mogelijkheid om eerst te kijken of er geen contact met ouders mogelijk was, bijvoorbeeld om te onderhandelen over de opvoeding. Soms lukte dit toch, vooral via de moeder of een oom of een andere sleutelfiguur die niet meteen de schaamte van de familie blootlegde.

7.7 Kijken vanuit de context

Bij deze voorbeelden is belangrijk: wat is nu precies het specifieke of niet-specifieke van de methodiek? En binnen welke context speelt het zich af? Het is niet specifiek en wel specifiek dat de jongens vertelden geslagen te worden. Het meest specifieke eraan was dat ze hadden geleerd dat Nederlandse hulpverleners een bepaald beeld hadden van hun cultuur en onder de indruk waren van dergelijke verhalen. Had je dat eenmaal bereikt dan kon je vervolgens vrij veel voor elkaar krijgen, vooral een eigen kamer waar je verlost was van de druk en oordelen van je ouders.
Het mogelijk specifieke is dat er voor veel van deze Marokkaanse jongens (en andere migranten en vluchtelingen) in de directe omgeving geen sociale structuur aanwezig is om even weg te komen van een boze of teleurgestelde vader. In hun sociale netwerk zijn de oma, opa, oom en tante waarschijnlijk merendeels in Marokko (dit was zeker het geval ten tijde van het project). Zijn ze toch in Nederland, dan in een

andere stad of in een woning waar je niet zomaar even kan binnenlopen of kan aanschuiven zonder je te hoeven verantwoorden.

7.8 Organisatie

De organisatie streefde naar een gemengd personeelsbestand; samen met mij werd een Marokkaanse man aangenomen, later ook een Marokkaanse vrouw en een Surinaamse man. Voor allen was het een zware periode, ze moesten veel bewijzen in deze 'thick identity'-instelling. Het was lastig om de regels te doorgronden en hoe je er bij kon horen. Het viel niet mee om je te voegen naar het verborgen maar zeer aanwezige super-Hollandse, blanke, middenklasse- en feminiene keurslijf. Twee nieuwelingen waren bovendien van mbo-niveau terwijl verder alle medewerkers hbo- of universitair opgeleid waren. Al snel werden zij bestempeld als de goede (aangepaste) en de slechte (niet-aangepaste) medewerker.

> Later zag ik eens de film *The story of O*, een animatiefilm waarbij een O in een groep X'en terechtkomt. De O valt uiteraard op als uitzondering en probeert te overleven door een soort X te worden of juist door een super-O te zijn. De film is gemaakt om een proces van meerderheid en minderheid zichtbaar te maken, toen in het Amerikaanse leger voor het eerst vrouwen opgenomen werden. Ik herkende binnen deze organisatie en bij mijn collega's het hele principe van overspannen verwachtingen, proberen om je aan de X aan te passen, de super-O te moet zijn, enzovoort.

Vooral pijnlijk was het uitspelen van deze collega's ten opzichte van elkaar en het verwijt dat mijn Marokkaanse collega en ik niet konden samenwerken. Gelukkig hield onze werkbegeleider ons steeds voor dat wij goed samenwerkten en met een goed project bezig waren.

> **Kernpunten**
> – In dit hoofdstuk staat de praktijk centraal om daarmee een aantal theorieën en methodieken toe te lichten op valkuilen en mogelijkheden van het begeleiden met aandacht voor diversiteit.
> – De theorie is gekoppeld aan een project in de welzijnssector.

- Aspecten die aan bod komen hebben te maken met thema's als masculien en feminien, meerderheid en minderheid, specifiek en intensief.

8 De praktijk: jonge managers

8.1 Inleiding

Ook in dit hoofdstuk wordt de praktijk toegelicht met theorieën die elders in dit boek uitgewerkt worden.

Van 1999 tot 2003 was ik als freelance-coach betrokken bij het Young Management Development Program van de Nyenrode Business Universiteit te Breukelen. Een programma dat bedoeld was voor jong aanstormend talent op managementniveau in diverse bedrijven. De 'opdracht' vanuit deze bedrijven was te omschrijven als: geef deze jonge mannen en vrouwen kennis en vaardigheden mee als beginnend manager, maar laat ze zeker ook ervaren hoe het is om leiderschap te nemen, hierover helder te communiceren en verantwoordelijkheid te voelen voor de werkomgeving.

Voor het programma observeerde en evalueerde ik simulatiespellen en begeleidde een intervisiegroep. De intervisie was gericht op het leren reflecteren op de persoonlijke ontwikkeling. De deelnemers maakten plannen om voornemens uit te voeren, om inzichten uit te proberen en terug te kijken op wat het traject tot nu toe had opgeleverd.

8.2 Projecties en andere contactstijlen

Aanvankelijk twijfelde ik aan mijn bijdrage aan het programma. Was ik er wel op mijn plaats, was dit niet te hoog gegrepen? Wat moest ik, afkomstig uit een Fries arbeidersmilieu en met ervaring in jeugd- en drugshulpverlening en migranten- en vluchtelingenwerk, met deze yuppen? En dan nog wel op Nyenrode, als privé-universiteit de bakermat van succesvol Nederland?

Voorafgaand aan de eerste dag ging ik nog snel even naar De Bijenkorf om nog wat nieuwe kleren te kopen. Mijn onzekerheid over mijn houding en presentatie uitte zich in de keuze voor mijn kleding, terwijl er voor de eerste dag nog geen inhoudelijke bijdrage van mij verwacht werd; ik hoefde slechts te observeren. Zo verscheen ik die maandagochtend in mijn nieuwe kleren in een zaal vol succesvol en veelbelovend talent. Ze droegen T-shirts, poloshirts, overhemden, pakken, mantelpakken en jurken en waren in hun onderlinge diversiteit allen op hun plaats op Nyenrode. Ik, als coach maar op dat moment veel meer als persoon, ervoer dat voor mijzelf anders.

Ik heb het werk ruim vier jaar met veel plezier gedaan en ook met behoorlijk veel succes. Mijn beeld over mezelf in deze context veranderde, evenals het beeld dat ik had van de deelnemers aan mijn intervisiegroepen. Wel bleven er momenten dat ik me niet echt op mijn plaats voelde, vooral bij borrels en diners; informele momenten waarbij ik niet goed wist welke rol te vervullen. Op dat niveau van relaties leggen en netwerken bleef ik min of meer ondeskundig.

Hier was dus sprake van duidelijke projecties waarmee ik de sensatie van het contact omvormde, door mij als waarnemer te positioneren en door van het waargenomene objecten te maken. Door middel van projecties proberen we onze verwarring, woede, ergernis, pijn, onmacht, angst, onzekerheid of irritatie min of meer te vermijden of te stoppen of op te blazen. Het werkelijk ervaren van de emotie gaan we zo uit de weg. De ander wordt tot object en tot 'drager' van ons eigen beeld.

Het je bewust worden van projecties als contactstijl speelt een belangrijke rol in begeleidingstrajecten. Zowel de projecties van de dienstverlener als de dienstvrager zijn relevant. Op Nyenrode projecteerde ik mijn idee dat ik er niet bij zou horen op de anderen en maakte hen tot mensen die zouden vinden dat ik daar niet op mijn plaats was.

Bij een dergelijke projectie gaan we in op wat we aan de oppervlakte waarnemen en gaan de verbindingen uit de weg met onderliggende geraaktheden. De aandacht voor de kleding is een manier om te laten zien, boven de waterspiegel, dat we wel of niet bij een bepaalde groep horen. Het stokte hier bij mijn identiteiten.

De echte confrontatie met onze geraaktheden (onzekerheid, angst) speelt zich af op diepere lagen. Aan het herkennen van deze dieperliggende zaken kunnen of willen we soms niet toegeven. Door te projecteren doen we geen echt zelfonderzoek en kunnen de onhebbelijkheid aan een ander wijten. Wat we niet kunnen verdragen in onszelf kunnen we zo als externe ergernis of angst bekritiseren.

Ga eens bij jezelf na wat je vaak ergert aan een ander. Probeer eens te zien wat daarvan onderdeel is van jezelf. Wat zegt het over jou? Misschien is het een vorm van jaloersheid, iets dat je jezelf nooit toestaat, of iets dat je (stiekem) zelf wel zou willen durven. Hoe komt het dat dit gedrag je zo raakt?

Op Nyenrode kwam ik regelmatig mensen tegen die bezig waren met de vraag: 'Mag ik succesvol zijn? Waar hoor ik?' Vaak mensen met minderwaardigheidsgevoelens en projecties op de andere deelnemers. Veelal studenten en carrièremakers van de eerste generatie, die een klassenoverstap hadden gemaakt. Schijnbaar herkenden deelnemers in mijn presentatie min of meer onbewust hun eigen thema's. Met deze introjecten en projecties hebben we dan ook goed kunnen werken op diepere lagen, achtergronden, familiewaarden, geraaktheden, enzovoort. Hun zelfbeeld onderging vaak een verandering en daarmee ook hun presentatie in de groep en in het bedrijf.

8.3 Vertragen

Naarmate ik mij meer thuis voelde in deze omgeving en me dus ook anders profileerde, kreeg ik steeds meer vragen van mensen die zichzelf wél op hun plaats voelden. Met het meer tonen van onder andere mijn therapeutische skills - waarvan ik dacht dat ze in deze kring niet gewaardeerd zouden worden (mijn zoveelste introject en projectie) - ontmoette ik mensen die, vaak met enige weerstand, zeiden te wachten op een confrontatie met hun achtergrond en hang-ups.
Ik zie nog de geschoktheid van vier jonge mannen toen ik meedeelde dat ik ze vooral stil wilde zetten en zou gaan vertragen. Ze wilden de eerste bijeenkomst liefst buiten in de zon gaan zitten en hoopten dat het niet te lang zou duren. Het werkelijk vertragen en actief aandacht geven aan hun verhaal werd een bijzonder spannende hier-en-nu-ervaring. Ik nodigde hen uit tot een dialoog met werkelijke aandacht voor het eigen verhaal en voor het verhaal van de ander. Halverwege de bespreking van de eerste persoon werd toch de wens geuit om maar binnen te gaan zitten, dat was wat meer besloten en veiliger dan in de tuin.
We hadden vijf maanden lang elke vrijdag een zeer intensieve en spannende bijeenkomst. Werkelijk contact maken met zichzelf en de ander en daar echt de tijd voor nemen, was voor deze mannen een nieuwe ervaring. Ze ervoeren dat als hard werken en allesbehalve 'stilstaan'. Bewust maakte ik hiervoor aan het begin een contract: ik neem niet de verantwoordelijkheid om jullie te confronteren, ik weet niet welke lading dat voor jullie heeft. De verantwoordelijkheid die ik neem is om een omgeving te maken waarin je kunt vertragen, waarin je de tijd neemt om contact te ervaren met het hele veld waar jij onderdeel van bent. Waar dat gebeurt, waarover je wilt spreken en hoe, en vooral hoe confronterend dat is, dat is aan jullie (met altijd de mogelijkheid van een time-out).

Bij deze groep mensen was stilstaan niet iets dat ze bij zichzelf vonden passen. Hun snelle carrièrebehoefte en doelgerichte (masculiene) gedrag had deze doelgroep vaak mooie en goedbetaalde posities in het bedrijfsleven opgeleverd. Het maakte dat ze gezien werden als aanstormend jong talent, ook voor hogere kaderfuncties in het bedrijf. Stilstaan met aandacht voor het proces en voor eigen behoeften was hierbij als het ware tegennatuurlijk en worden gezien als niet productief. Voor de activiteiten waarvoor ik ingehuurd wordt is het echter nodig dat ik me bezighoudt met het proces, met vragen die verdiepen. Ik moest vertragen.

En zo kwamen vooral veel introjecten aan de orde, boodschappen die zijn 'ingeslikt' in eerdere omgevingen, vanuit de achtergrond en ook in de huidige omgeving. Het onderzoek naar behoeften in de huidige situatie kan verstoord worden door beelden uit het verleden en vermeende boodschappen van het heden. Werken met gewaar zijn over diverse stijlen van contact maken betekende tijd nemen voor (zelf)onderzoek in het hier en nu. Om projecties, introjecten en andere contactstijlen te herkennen, moest ik werken aan vertragen.[9]

Het aantrekkelijke van deze groep was de dynamiek die gepaard ging met een grote dosis ambitie, daadkracht, doelgerichtheid en zelfbewustzijn. Het was gedrag dat mij als babyboomer (grensgeval), vooral procesgericht opgeleid, vervulde met bewondering maar ook met gevoelens van afkeuring en ergernis. Mijn risico als coach was dat ik vanuit mijn projectie ('Ze zijn te snel en te oppervlakkig') niet een dialogisch contact zou aangaan met de groep, maar ze als object zou neerzetten om aan te gaan sleutelen ('Ik zal ze wel even leren hoe ze moeten stilstaan en dat rennen niet gezond is'). Dat zou geen respect betekenen voor hun identiteit, kwaliteiten, diversiteit en achtergrond en hun creatieve aanpassingen aan de wereld die hen succesvol had gemaakt.

Vlak bij mijn huis stond lange tijd de volgende tekst op een muur: 'Onderweg steeds op de plaats van bestemming.' Deze slogan was van toepassing op mijn werk met deze doelgroep; mannen en vrouwen die zich begeven in masculiene (sub)culturen. Een omgeving waar masculien gedrag gewaardeerd wordt en vaak noodzakelijk is of lijkt. Mijn uitdaging was om als begeleider te werken met waardering en acceptatie van dit gedrag en tegelijk een verbinding maken met diepere lagen, waarden en overtuigingen? Het combineren van beide was een dynamiek die goed in te passen was in hun ontwikkelingstraject.

---

9 Zie Cornelissen (1999).

Met de tekst op de muur in gedachten werkten we met de dynamiek van het stilstaan. Deze dynamiek van de tegenstrijdigheid past bij de doelgroep; het is deze polariteit waar ik graag mee werk. Het gedrag zag er voor hen uit als passief, traag en niet-doelgericht. Dus het was aan mij als begeleider om de dynamiek te waarderen en daarmee de vertraging in te brengen. Ik werkte veel met oefeningen (zie hfst. 12). Werkelijk ervaren is dynamiek en vertragen in het hier en nu, en het is contact houden met de sensatie van de actie. Deze acceptatie van polariteiten leidt tot zelfreflectie als het gewaar zijn erbij gebruikt wordt.

8.4 Diversiteitsperspectief

In mijn coachpraktijk kom ik de dergelijke 'jonge honden' nog steeds regelmatig tegen: jonge, intelligente en ondernemende mannen en vrouwen die van alles willen en kunnen. De wereld lijkt voor hen open te liggen en ze zijn getalenteerd genoeg om ver te komen. Maar deze generatie heeft, zoals Annemieke Roobeek[10] stelt, soms niet genoeg wortels en kunnen daardoor omvallen. Vaak zijn ze snel de lucht ingeschoten zonder goed geworteld te zijn, en waren er weinig stormen en tegenwind om de wortels te testen. Jobhoppen hoort vaak bij de ambitie en de bedrijven stimuleren dat. Jong talent wordt regelmatig weggekaapt door headhunters en even gemakkelijk weer vervangen.
Vanuit het diversiteitsperspectief is de focus van deze 'hoppers' zelf en van de bedrijven daarbij slechts gericht op een klein deel van de aanwezige interne identiteiten. Daardoor is er een groot risico van eenzijdige ontwikkeling. Het is de projectie van succes (snel, dynamisch) die nastrevenswaard is. Werken met projecties heeft zo ook een positief aspect, want het geeft een heldere focus op succes en laat mensen alles uit het leven halen. Het is een duidelijk beeld en tegelijk heeft het een risico van eenzijdigheid. Marketingstrategieën werken hier ook vaak mee: wat wil ik dat men op mijn product projecteert? Mijn product moet succes en geluk uitstralen. Hoe zorg ik dat men die projectie heeft op mijn product? Het risico is dat deze vrij enkelvoudige identiteit niet een gebalanceerd beeld, een verdiepende basis of een meerdimensionaal beeld geeft.
Enige tijd geleden coachte ik een vrouw die haar hele leven naar haar ambities had ingericht. Hard studeren, fanatiek meewerken aan theaterproducties, veel muziek studeren, sporten, actieve vakanties, veel sociale contacten; ze was altijd in de actie. Een heel succesvolle en

---

10 In een lezing voor een congres van de Landelijke Vereniging voor Supervisie en Begeleiding, oktober 2007.

hardwerkend professional. Haar werkomgeving was echter niet erg te spreken over haar manier van communiceren. Ze vertelde dat ze daar niet veel van begreep. Ze was toch goed in haar werk en deed toch haar best?

In het traject bleek dat ze eigenlijk nooit aan zelfreflectie was toegekomen. Bij het vertellen over haar leven, passies en kwaliteiten kwam ze niet veel verder dan praten over wat ze gedaan had. Die kwaliteiten namen we als uitgangspunt, om vervolgens te kijken naar haar drang om te komen waar ze gekomen was. Nadat we dat hadden geëxploreerd richtten we ons op haar behoeften (zie par. 6.2). Dat was hard werken voor haar.

Maar door steeds aandacht te geven aan de balans tussen 'ik wil', 'ik ben' en 'ik heb behoefte' kon ze haar behoeften steeds beter benoemen. Zo ontdekte ze dat met het meer aandacht geven aan haar behoeften haar contactstijl veranderde. Ze ging contact niet meer alleen vanuit functionaliteit aan maar ook uit behoefte. Dat leverde verrassende contacten op met mensen die ze eerder nauwelijks had 'gezien'. Haar eendimensionale manier van denken betekende ook dat ze vrij eendimensionaal was in het maken van contact. Het onderzoek naar haar interne diversiteit en de manier waarop ze die vanuit haar familiepatronen had ontwikkeld, gaf ruimte aan meervoudige identiteiten en dus aan meervoudig contact met andere mensen.

8.5 Acceptatie

Soms komen cliënten uit deze dynamische doelgroep, vooral mannen van rond de dertig, bij mij met angstgerelateerde problemen. Tot hun eigen verbazing en ontzetting ervaren ze dat ze angst ontwikkelen die soms tot behoorlijke stagnatie leidt. Zo kunnen ze er tegen opzien om naar een feest of receptie te gaan, willen ze eigenlijk niet meer met vrienden de stad in omdat ze dan paniekerig, kortademig en duizelig worden. In het werk uit het zich in moeite met spreken in of voor groepen mensen, tobben over werk dat eerst gewoon lukte, enzovoort. Het zijn vaak mannen uit een prettige open omgeving, zonder echte problemen in de jeugd, bemiddeld, uiterlijk knap, slim, enzovoort. Kortom: tot nu toe heel succesvol.

Als ik de polariteit van rust, saaiheid en stilstaan met hen exploreer stuit hen dat meestal tegen de borst. Stilstand is voor hen immers achteruitgang. Soms benoemen ze dat er in hun leven een soort constante kickverslaving lijkt te zijn: 'Ik kan toch niet twee keer naar dezelfde plek gaan op vakantie? Dan mis ik iets nieuws.' In de loop van de gesprekken blijkt vaak dat deze mannen niet voorbereid zijn op ervarin-

gen met angst en/of oplopende spanning. De spanning van het nemen van professionele verantwoordelijkheden, leiderschap, werkdruk en routine overvallen hen als het ware. Ze krijgen plots te maken met ernstige paniekaanvallen of zelfs hyperventilatie en angststoornissen.
De eerste vraag aan mezelf is dan: hoe bied ik deze cliënt een geschikte en draaglijke manier om de spanning en angst van het heden te ervaren, zonder waardeoordeel over hun dynamische leven? Een belangrijke stap voor mij is daarbij om te begrijpen en vooral te accepteren dat ze niet stil willen staan. Dat is het gegeven waarmee ze binnenkomen, waar ze nu zijn. Dus waarom zouden ze het nu wel onder ogen willen zien? Ontkennen en negeren is immers niet slecht geweest voor hun carrière tot nu toe.
Vervolgens werk ik met psycho-educatie over de functie van angst. Concreet en theoretisch onderbouwd, onder andere met de theorie van Frijda (zie ook par. 10.7). Hiermee stimuleer ik de zelfacceptatie van de polariteiten in hun leven: angstig zijn en probleemloos zijn. Het inzicht dat hun angst een functie heeft, geeft toegang tot een vrij moeizaam proces van acceptatie. Zoals ik dat graag benoem: 'Hoe kun je je angst accepteren, als een vriend die meekijkt over je schouder en vraagt of je wel genoeg aan jezelf denkt, of je niet te veel risico neemt? Hoe ontwikkel je een basis in je leven waarmee je angsten kunt dragen? Hoe maak je een basis als je niet kunt stilstaan bij wat er is, steeds naar de toekomst kijkt en juist weg wilt van die angsten?'
Om stappen richting toekomst te maken is gewaar zijn van het heden en bekendheid met het verleden noodzakelijk. Het heden is de poort van verleden naar toekomst. Alleen in het hier en nu kan gewaar zijn en acceptatie ontstaan als eerste stap om belemmeringen uit het verleden en angsten voor de toekomst draaglijk te maken. Emotie is alleen te ervaren en te bewerken in het hier en nu. Ruimte maken voor die verbindingen speelt in mijn werk een grote rol. Ook dit is werken met de veldtheorie: het veld organiseert zich, en angst is een functie van het veld die ontstaat in de wisselwerking tussen 'ik' en 'de wereld'.
Werken met acceptatie van het heden betekent ook dat ik als begeleider moet accepteren dat deze mensen het nut van stilstaan niet zien. Ik vermijd daarom bewust de term stilzetten maar spreek van vertragen. Daarbij vertel ik dat vertragen niet aantrekkelijk klinkt, maar dat het toch spannend is. Het kan zicht geven op de diverse aspecten die meespelen. Stilstaan geeft de kans om de caleidoscoop te onderzoeken. Welke combinatie van factoren maakt welke kleur? En is dat de kleur die je wilt hebben als je kijkt naar je behoeften?

8.6 Contract

Ik hecht bij dit alles bijzonder aan heldere contractering (zie ook par. 9.5), zeker bij mensen van deze generatie, die zakelijkheid en helderheid en vooral doelgerichtheid hoog in het vaandel hebben. Voor dit aspect van vertragen en voor de aandacht voor het persoonlijke verhaal heb ik dat nodig in mijn methodiek van begeleiden. 'Wil je snel klaar zijn en wil je geen persoonlijke verhalen onderzoeken, neem dan een andere coach. Ik moet kunnen werken met de ruimte, met het vertragen en met aandacht voor je persoonlijke achtergronden.'

Een coach is een professional en moet helder zijn en staan voor zijn positie en rol. De coach moet duidelijk zijn over wat de cliënt te wachten staat. Dat is niet: 'We zijn in vijf keer klaar, dan ben je beter en heb je je doel bereikt.' Voor mij is dat: 'Ik ga dit contract met je aan, over hoe we werken en dat we stappen maken die soms traag lijken en soms zelfs op achteruitgang lijken. Maar het proces echt doorlopen geeft je acceptatie en daarmee de kans anders om te gaan met de situatie. Ik wil je niet veranderen. Ik wil je laten zien en ervaren dat je anders naar jezelf en de wereld kunt kijken en dat dit jou mogelijkheden biedt om jezelf in een breder perspectief te zien'. Dat is de veiligheid die ik bied (zie ook par. 9.7).

Bij dit contracteren hoort ook dat ik alleen veiligheid bied omtrent de acceptatie van wat iemand is en mijn respect voor wat er is. Het gaat er niet om dat ik gevoelige onderwerpen vermijd. Ik raak veel gebieden aan die misschien onveilig lijken omdat ze weinig aangeraakt zijn. Ik ga daar zorgvuldig mee om en zorg dat de cliënt er over kan beschikken. In het volgende hoofdstuk ga ik hier verder op in.

Kernpunten
- Om het zicht op de diversiteit groter te maken en meerdere vergelijkingen te kunnen trekken met diverse doelgroepen, geeft dit hoofdstuk een beeld van mijn werk met jonge professionals.
- Evenals in het vorige hoofdstuk staat in dit hoofdstuk de praktijk centraal. Aan de hand daarvan licht ik een aantal theorieën en methodieken toe en bespreek valkuilen en mogelijkheden bij het begeleiden met aandacht voor diversiteit.

9 Begeleidingstheorieën in de praktijk

9.1 Inleiding

Na de twee praktijkvoorbeelden volgen nu twee hoofdstukken waarin andere algemeen bekende methodieken nader worden uitgewerkt en toegelicht op hun diversiteitgehalte. Ook hier zijn de praktijkverhalen leidend. Uiteraard is het een greep uit de vele coachings-, begeleidingsmethodieken. Waarschijnlijk is dezelfde exercitie te doen met andere, aan de lezer bekende, methodieken en theorieën. Voelt u zich vooral uitgenodigd dat te doen en zoek de visie die het beste bij u past. Als diversiteit érgens behoefte aan heeft, dan zijn het authentiek werkende begeleiders die hun werkwijze vanuit eigen opvattingen en vanuit de persoonlijke verbinding kunnen toelichten en verantwoorden.

9.2 Vooroordelen

Voor werken met diversiteit is het nodig om vooroordelen te benoemen en ermee te werken. Hierbij keer ik terug naar het eerder benoemde concept van constructie en deconstructie, van vastpakken om los te kunnen laten. We hebben allemaal bepaalde rasters waarmee we de wereld waarnemen. Om ons staande te kunnen houden in de samenleving gebruiken we een manier van kijken naar de werkelijkheid. Zonder raster, zonder stereotypering, zonder vooroordelen wordt de wereld onbegrijpelijk en soms zelfs beangstigend.

> Als ik een ruimte in kom en ik kan niet vertrouwen op mijn aanname dat de vloer mij houdt, dat de stoelen zijn om op te zitten, dat het uitzicht werkelijk buiten is, dat de mensen echt mensen zijn, enzovoort, dan raak ik in verwarring en kan ik me bijzonder onveilig gaan voelen. Ik ervaar de vloer als veilig en solide en ga niet bij elke stap voelen of dat vooroordeel waar is. Pas als ik (een

> deel van) de vloer niet herken vanuit mijn stereotiepe beeld over
> veiligheid of stevigheid, ga ik controleren.

Je bewust worden van vooroordelen helpt om deze te onderzoeken, geeft de kans om erover in gesprek te gaan. Een voorlopig oordeel kan ons helpen bij ons onderzoek naar andere waarheden. Het kan dan ook een manier zijn om te zien hoe een bepaald vooroordeel in deze relatie, in deze context is ontstaan. Want als we onze waarheid koppelen aan onze kijk op en beleving van wereld dan kunnen we stellen dat ons vooroordeel vaak niet alleen van ons is. Dat het een vooroordeel kan zijn dat zich afspeelt binnen het gehele veld. Dit algemenere gewaar zijn kan, mits goed aangekaart, een opening zijn voor verder onderzoek.

De man in het bed (uit het voorbeeld in par. 6.6) is in zijn leven meer mensen tegengekomen die hem vreemd aankeken en gaat ze nog tegenkomen na mij. Het was niet iets van mij en hem als een geïsoleerd fenomeen, het is een beeld dat hij in contact met de wereld steeds tegenkomt. Hij wist uit eerdere contacten mijn moeite te benoemen, waardoor het voor mij te bewerken was.

Het benoemen van een vooroordeel als veldfenomeen betekent acceptatie. Vervolgens kan er een onderzoek plaatsvinden over de werking van het vooroordeel in het contact. We kunnen dan zien hoe we de regie houden over onze beelden en onze identiteiten. Schaamte over vooroordelen doet ons terugtrekken, leidt tot retroflectie, waarmee we het contact niet aangaan met dat wat zich aandient. We zijn in schaamte geneigd ons terug te trekken en dus niet uit te reiken naar de sensatie, de prikkel die deze relatie ons oplevert. Juist in de relatie met datgene wat ons prikkelt kunnen we het onderzoeken en veranderen, nuanceren. Dat onderzoeken heeft echter voorwaarden nodig waarbij een keuze mogelijk is. Regie hebben en geven is een kwestie van aanraken en niet van vastgrijpen.

9.3 Aanraken of vastgrijpen

De dialoog kan alleen plaatsvinden als beide partners hiertoe in staat en bereid zijn en zich bewust zijn van hun aandeel in het gesprek. In het gesprek blijven betekent dat je open blijft staan voor het hier en nu, met als gedachte: 'Don't fall in love with your own clue.'[11] Verliefd

---

[11] Beverly Silverman in een cursus voor de Nederlandse Stichting Gestalt.

worden op een signaal, idee of oplossing zorgt er vaak voor dat we het hier-en-nu-contact, de sensatie van het moment met de cliënt verliezen of vastzetten. We gaan rennen, op weg naar het volgende, of blijven stilstaan bij dat wat voorbij is, terwijl de cliënt niet bezig is met ons verhaal maar zelf in het eigen verhaal zit. Verliefd worden op (of bang worden voor) een gedachte kan betekenen dat ik iets vastgrijp waar de cliënt nog niet aan toe is, waar hij bij weg wil omdat hij zich er niet in herkent. Toch is dit 'verliefd worden' er niet voor niets. Dus is het van belang te onderzoeken waarom dit gebeurt.

In het werken met diversiteit zijn er in elke relatie veel zaken aanwezig, ook zaken die we niet benoemen of herkennen, die ons doen terugtrekken. Als we facetten van het contact, van de relatie, die ons opvallen laten liggen, dan is dat ook een signaal in de relatie. Sommige sensaties lijken niet passend, niet professioneel, niet van belang binnen de begeleidingsrelatie. Toch zijn ze er en dus zijn ze onderdeel van het veld van dit begeleidingscontact. Wat doen we ermee?

Collega's van mij plachten wel eens te zeggen: 'Laat OMA thuis.' OMA staat voor opvattingen, meningen en adviezen. Mijn reactie is dan: 'OMA is er altijd, ook al willen we haar er liever niet bij.' Mij lijkt het raadzaam opvattingen, meningen en adviezen te zien, ervaren en onderzoeken. Wat maakt in deze relatie dat ik een advies wil geven? Hoe organiseert het veld zich, zodat ik denk een mening te moeten hebben? Wat organiseren we hier samen, zodat ik me gewaar wordt van bepaalde gevoelens en opvattingen? Het gaat om vertalingen uit het grote veld en deze zijn niet los te zien van elkaar. OMA niet meenemen is dus een illusie. (Maar als we OMA als 'de waarheid' centraal stellen verliezen we ook het contact.)

Dit 'velddenken' is cruciaal in het werken met de dialoog, in het werken met diversiteit. In de Nederlandse taal heeft het woord discrimineren een negatieve klank, maar ik wil het hier toch gebruiken. Want velddenken vraagt, zoals gezegd, om discriminatie van wat zich aandient; een onderzoek naar wat er is, om te zien of het waarde heeft voor de begeleidingsrelatie.

> In een tweewekelijkse begeleidingssituatie viel me op dat ik regelmatig slaperig werd. Ik deed er alles aan om dit te voorkomen. Maar elke veertien dagen werd ik weer slaperig bij deze begeleiding. Het was na de lunch, dus ik dacht: misschien moet ik wat minder eten. Maar op een gegeven moment kon ik er niet meer onderuit. Ik vertelde de cliënt over mijn probleem. Tot mijn verrassing keek hij me bijna blij aan en zei: 'Dat gebeurt bij mij wel

vaker!' Mensen vielen bij hem bijna in slaap, de energie ging uit groepen. Het was een gegeven dat we vanaf dat moment konden bewerken. Als ik had gereageerd vanuit mijn introjecten - je moet beleefd zijn, op je werk mag je niet slaperig zijn, je kunt bij een cliënt je vermoeidheid niet tonen - was dit thema waarschijnlijk niet aan bod gekomen. Nu ik het in de relatie had gebracht kon de man uitzoeken wat hij deed in contact met anderen.

Zaken die we in de relatie ervaren kunnen we wel aanraken, maar moeten we niet vastgrijpen. We kunnen dit gewaar zijn onderzoeken in het contact zonder dat de ander daar in mee hoeft te gaan. Ik bied mijn gewaar zijn aan als onderzoek, maar zeker niet als waarheid.

9.4 Taboes

Aanraken speelt ook een grote rol bij thema's in de taboesfeer. Van begeleiders (en therapeuten) hoor ik vaak dat het thema seksualiteit niet in hun spreekkamer aan de orde komt. Ik vraag hen dan: 'Hoe zorg jij daarvoor?' Volgens de begeleiders wil de cliënt er meestal niet over praten. Mijn vraag in de begeleidingssituatie is echter meer relevant voor de begeleider. Deze kan zich afvragen: hoe zorg ik ervoor dat in deze relatie bepaalde thema's niet aan bod komen? De begeleider is medeverantwoordelijk voor de manier waarop het veld zich organiseert en is, in mijn optiek, verantwoordelijk om dit op een ondersteunende manier aan te kaarten, zodat er gemeenschappelijk gewaar zijn over kan ontstaan. Dan kan de cliënt ervaren hoe deze de regie, het eigenaarschap, kan nemen om een lastig thema in te brengen of niet. De keuze om dit aan te raken betekent ook de mogelijkheid om 'niet aan te raken' wat er is, of niet 'raakbaar' te maken wat je niet aankunt. Seksualiteit lijkt daarbij nog steeds een van de thema's die begeleiders graag buiten de begeleiding houden omdat ze de sensatie hiervan niet kunnen hanteren. Mijn stelling is dat in elk contact seksualiteit aanwezig is. In kleding, in geur, in de wijze waarop de relatie tussen een man en een vrouw, man en man, vrouw en vrouw ingevuld wordt, in bewegingen, in houding. Als seksueel wezen zijn we niet los te zien van de manier waarop we daarmee omgaan. Soms door het sterk op de voorgrond plaatsen, soms door het binnen te houden. Dus hoe het zich presenteert, is heel gevarieerd.
Een begeleider dient het eigen gewaar zijn hierover te bekijken op al dan niet inbrengen, en te bepalen welke zaken op de voorgrond

kunnen komen in de relatie. Als iets op de voorgrond staat kan het onethisch zijn om er geen aandacht aan te besteden.
Opvallend is dat thema's die om ons heen hangen ook het veld beïnvloeden. Als we een huis zoeken vallen de 'Te koop'-borden ons veel meer op, wie zwanger is ziet overal dikke buiken en kinderwagens. In de begeleiding komen sommige thema's bij de een wel en bij de ander niet aan de orde. Dat maakt dat ervaringsdeskundigen soms goede begeleiders zijn als ze hun eigen gevoeligheid professioneel kunnen inzetten. Het doet iets met de relatie als er een samengaan (confluentie) plaatsvindt. Dit is voor teams zeer interessant.

> Mijn invalbaan in een jeugdgevangenis leidde onder andere tot meer aandacht voor de positie van homoseksuele jongens daar. Boeiend om te merken was dat de jongens die bij mij onder de aandacht kwamen vaak nogal verschilden van de jongens die mijn collega's er uithaalden. Het stereotype van de zachte, verlegen en misschien wat feminiene jongen, was voor hen reden om meer aandacht te geven. Ik lette juist ook op stoere jongens met een grote mond, die grenzen overschreden in de groep, enzovoort.
> Bij nader inzien bleken juist deze laatste jongens erg bezig te zijn om zich te bewijzen in hun mannelijkheid, vanwege onder andere twijfels over de seksuele geaardheid.

Het niet aanraken van bepaalde zaken in de begeleidingsrelatie brengt een normering aan, zendt een signaal uit, waarbij het de vraag is of dit wenselijk is. Toch aanraken kan een sensatie teweegbrengen bij beide gesprekspartners, waardoor ook de begeleider het contact met de sensatie regelmatig negeert. Maar ook het negeren geeft een betekenis aan de relatie; er bestaat geen niet-communicatie (zwijgen, negeren of vermijden is ook communiceren).
Veel cliënten testen de begeleidende instantie en de begeleider op hun houding ten opzichte van verslaving, (seksueel) geweld, vrouwonvriendelijkheid of religie. Zij stellen zich de vraag: is dit een relatie waarin ik aandacht en respect ontvang voor mijn (verborgen) identiteit, mijn taboeverhaal? Zo niet, dan komt dit thema niet aan de orde of alleen in een vastgezette identiteit, die dus de dialoog onmogelijk maakt.

9.5 Contracteren en installeren

Om te mogen en kunnen aanraken wat gevoelig ligt is een heldere contractering van belang. Niet zozeer met een schriftelijk contract, hoewel het voor diverse vormen van begeleiding goed is om zaken helder vast te leggen, maar met een relatie- of werkcontract. Daarin kunnen vragen aan de orde komen als: hoeveel ruimte geven we elkaar, welke grenzen geven we aan als het gaat om onderwerpen die besproken kunnen worden en kunnen we daar beiden mee werken?
De ene begeleidingsvorm heeft het nodig om persoonlijk te werken, bij de andere staat bijvoorbeeld het werk meer centraal. Elke begeleidingsvorm heeft een verbinding met het privéleven van de cliënt en de begeleider, maar hoe het accent ligt is aan de werkvorm, de setting, de methodiek, het beroep en uiteraard aan de persoon. De ene methodiek vraagt om een meer coöperatieve houding, terwijl een andere relatie best wat weerstand of een vorm van passiviteit kan gebruiken. Wel zal dit steeds goed bekeken moeten worden, om niet te verzanden in een strijd rond verwachtingen over inhoud en werkwijze.

> Bij een dialoogtraject (Youthspot, 2009) over homoseksualiteit en jongerenwerk was het soms nodig om jongerenwerkers te verplichten mee te doen. Sommigen konden, volgens eigen zeggen, niets met het thema en anderen wilden er vanuit hun achtergrond niet aan mee doen. De instelling verplichtte hen echter vanuit hun maatschappelijke verantwoordelijkheid actief te participeren.
> Het contract dat we met de jongerenwerkers maakten was op hun professie gericht. Het interne conflict, het 'hoe ermee om te gaan' was wel steeds onderwerp, maar het feit dat ze er iets mee moesten stond niet ter discussie (zie ook par. 9.11).

Ga eens na of er in jouw werk (of stage) momenten zijn die leiden tot een moreel dilemma, bijvoorbeeld tussen jou als professional en als lid van je sociale omgeving. Hoe ga je daarmee om?

9.6 Accepteren

Veel klanten komen bij de begeleider met een verzoek tot verandering van de situatie of van zichzelf. Dat is eigenlijk het contract dat ze met de begeleider willen opmaken: 'Verander mij', of: 'Zorg dat ik hier anders uit kom.' In de relatie tot de omgeving of tot de eigen beeldvorming is een beeld ontstaan dat niet meer voldoet. De cliënt wil verlost worden van bepaald gedrag of een manier van denken of voelen. 'Ik wil me niet meer moe voelen', 'Ik heb last van angst en daar wil ik van af', 'Ik moet nu eindelijk eens meer werken.' De start van een dialogische begeleiding zal altijd zijn: acceptatie van het feit dat het is zoals het is. Elke klacht van een klant is, net als elk succes, verbonden met de interne en externe diversiteit. Met de presentatie van een klacht geeft de cliënt al aan dat er een onderdeel is dat niet voldoet in het contact met de huidige omgeving (werk, privéleven, organisatie, zelfbeeld). Het weg willen hebben van dit onderdeel maakt dat er geen verbinding kan worden gelegd tussen het verlangen van de persoon en de omgeving. Acceptatie van het gegeven, het niet-matchen of de onvrede, geeft de mogelijkheid de vraag te onderzoeken in het geheel. Niet als losstaand 'object' waar de cliënt en/of zijn omgeving last van heeft, maar als de werking van het gehele veld. Elk gedrag is een creatieve afstemming aan wat er is; elke oplossing die het individu zoekt of creëert is op dat moment de beste aanpassing aan de situatie. Al dan niet met de gewenste gevolgen in het hier en nu of op de lange termijn.

Als een cliënt zegt: 'Ik moet assertiever worden', dan wordt deze vraag interessant als we deze boodschap beschouwen vanuit bovenstaande. Waarin wordt welk gedrag als niet-assertief ervaren? Wie beschouwen het als niet-assertief? Wat is de functie van het niet-assertief zijn in de achtergrond van deze cliënt? Welke normen zijn er vanuit de achtergrond meegegeven over assertiviteit? Waarmee compenseert deze cliënt zijn niet-assertiviteit in diverse omstandigheden? Wat verliest deze cliënt als hij assertief wordt? Is hij in andere omgevingen wel assertief? Wat is de kwaliteit van het niet-assertief zijn? Welke projecties spelen er vanuit de omgeving? Acceptatie geeft de mogelijkheid tot onderzoek naar achtergronden, functie en context. Alleen wegwerken van een 'klacht' geeft die mogelijkheid niet.

9.7 Bestendigen en nuanceren

We kunnen ook kijken naar de betekenis van de wens tot veranderen. Veranderen is uiteraard een terechte wens die veel cliënten hebben. De vraag is echter wat is veranderbaar? De situatie, het gedrag, het karakter, de wijze van omgaan met de situatie? En hoe gunstig is het veranderen eigenlijk? In de vraag om verandering zit vaak een onvrede met het bestaande, soms zelfs een afkeer ervan. Zoals gezegd kan ingaan op dit verlangen leiden tot het tot object maken van de persoon of van een deel van de persoon. Het veranderen gaat voorbij aan de functie, het nut en het ontstaan van het huidige gedrag.

In het begeleiden van de wens tot veranderen ben ik terughoudend. Het is misschien spectaculair als er een werkelijke verandering plaatsvindt, maar hoe passend, grondig, blijvend, passend is die verandering? Een schema van Ynze Stapert[12] (zie figuur 6) laat zien hoe breed de basis van veranderen is. De breedte van nuanceren is al groter en bestendigen heeft de breedste basis.

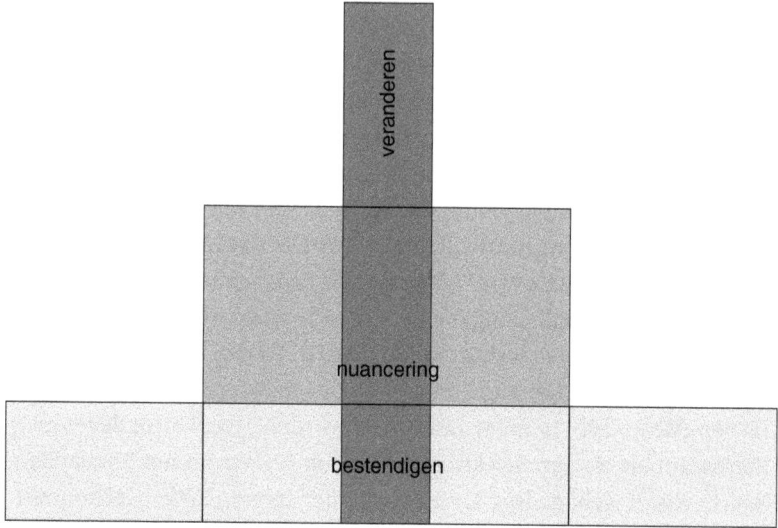

Figuur 6 *Veranderschema van Stapert.*

Juist doordat bestendigen een brede basis heeft, biedt het de begeleider veel ruimte om samen met de klant te kijken naar aspecten die misschien niet zo op de voorgrond staan. In de breedte van wat aanwezig is, is vaak een grote variatie aan oplossingsstrategieën te vinden. Door te kijken met een diversiteitsblik: welke aspecten van de diversiteitscirkel toont de cliënt en over welke heeft hij de beschikking? Door het leggen van verbanden tussen oplossingsstrategieën vanuit het verleden en de creatieve afstemming in het heden, kunnen cliënten ervaren dat ze de oplossing al in huis hebben voor een probleem als ze dit vanuit een andere positie bekijken. Zo kunnen cliënten tot de ontdekking komen dat gedrag uit het verleden niet hoeft te worden herhaald in de huidige context.
Het gaat er om dat de begeleider vragen stelt om de variatie van oplossingsstrategieën aan te spreken en te onderzoeken. Zo blijft de cliënt bij de kracht van wat er is en breidt het eigen probleemoplossend ver-

---

12 Docent supervisiekunde.

mogen uit, in plaats van te zoeken naar gedrag dat niet passend is bij de persoon.

> Bij een organisatie voor vluchtelingen trainde ik het bestuur, onder meer voor meer deskundigheid in het onderhandelen met overheid en bedrijfsleven. Veel van de vrouwen die dergelijke trainingen bezochten lieten het onderhandelen over aan mannelijke bestuursleden. 'Ik moet veel zakelijker worden', zeiden ze dan. Het ging veelal om huisvrouwen van wie de kinderen opgroeiden en die een sociale activiteit zochten maar geen of nauwelijks beroepsopleiding hadden gevolgd. Hoe kon ik ze aan het onderhandelen krijgen? Ik sprak ze aan op dat wat ze kenden (bestendigen), en we zochten samen naar onderhandelsituaties. Zo kwamen we op allerlei opvoedingssituaties met de kinderen, overleg met hun man, boodschappen doen, omgang met familie, met een leerkracht praten over de schoolkeuze van een kind, enzovoort. Welke onderhandelstijl hanteerden ze hierbij? Tot onze verrassing waren er veel verschillende onderhandelstijlen aanwezig in de groep. Daarna bekeken we hoe die omgezet konden worden naar onderhandelen met een gemeente en gingen we oefenen. Door te bestendigen wat er was (de vaardigheid om te onderhandelen) kwamen deze vrouwen tot gewaar zijn van hun kwaliteiten op dit gebied. Vervolgens zagen ze hoe ze deze vaardigheden konden inzetten in een andere context.

We beschikken allemaal over kwaliteiten die we in de ene context wel en in de andere vaak niet gebruiken. In wisselwerking met het veld zijn we ons al dan niet gewaar van de inzetbaarheid van ons zelfoplossend vermogen. Niet de persoon hoeft dan te veranderen, maar het zicht op de situatie. Een belangrijke vraag is dan ook: 'Wat maakt dat we in deze situatie niet ons zelfoplossend vermogen kunnen inzetten, terwijl we het elders tot onze beschikking hebben?'

9.8 Dialoog

Werken met diversiteit betekent steeds actief gewaar zijn van dat wat zich in het veld van de begeleiding afspeelt en vooral dat wat op de voorgrond verschijnt. De vraag is hierbij: hoe kan de begeleider bijdragen aan een sfeer waarin de cliënt de mogelijkheid ervaart om datgene op de voorgrond te plaatsen dat nodig is voor een optimale dienstverlening? De termen eigenaarschap en zelfregie zijn al eerder gevallen. Het is in de dienstverlening van belang dat de cliënt voldoende zelfregie houdt om op die manier optimaal mee te kunnen werken in deze coproductie. De opstelling van de begeleider en de context van de begeleidingssituatie zijn hierbij belangrijke factoren.

Biedt de gehele situatie voldoende ondersteuning om te kunnen onderzoeken welke factoren aanwezig zijn voor een succesvolle dienstverlening? Hiervoor is onder andere acceptatie en inzicht nodig van de hier-en-nu-situatie, van de positie van de cliënt in de gehele omgeving. Biedt de omgeving waarbinnen de begeleiding zich afspeelt voldoende mogelijkheid om verborgen identiteiten, taboe-identiteiten, vastgezette en stereotiepe identiteiten te bekijken op hun inzetbaarheid voor deze huidige situatie?

Als dat het geval is kunnen kwaliteiten en valkuilen onderzocht worden om deze vervolgens te selecteren op hun mogelijke bijdrage voor het slagen van de dienstverlening. In plaats van het beheersen van het probleem kijken we samen met de cliënt hoe deze het kan beheren. Beheren betekent dat we ernaar kunnen kijken en leren omgaan met de situatie, in plaats van ervoor weg te lopen of het te verstoppen. Het caleidoscopische effect hiervan is al eerder benoemd en uitgewerkt (zie hfst. 4), in het volgende hoofdstuk wordt dit model verder uitgewerkt in de diversiteits- of identiteitscirkel. De persoon is een verzameling van interne diversiteiten. Elke part van de cirkel is een identiteit die in steeds wisselend contact staat met de andere identiteiten en met de hele context. Dus een deel dat niet 'stroomt' omdat het genegeerd wordt of is vastgezet beïnvloedt de gehele kleur. Het zicht hierop kan de cliënt de mogelijkheid geven om (weer) regie te nemen over de eigen identiteit.

9.9 Masculien gedrag

Masculien en feminien denken en handelen komt in dit boek geregeld terug. Zoals gezegd zijn algemene methodieken in onderwijs, coaching, hulpverlening, therapie, supervisie en begeleiding vaak doorspekt met feminiene normeringen en manieren van doen. Het kringgesprek is bij groepen populair, om op die manier met elkaar te delen hoe je elkaar ervaart, veelal in de vorm van een bekentenis. Een individuele klant zit vaak tegenover de begeleider. Methodieken zijn gebaseerd op zelfreflectie, stilstaan en daarover verbaal uitwisselen. In de hulpverlening heb ik gemerkt dat andere methodieken beter werken, vooral door te werken met jongens en mannen voor wie masculien gedrag belangrijk, prettig of een overlevingsstijl is. Door naast

elkaar te zitten en iets doen. Bijvoorbeeld door naar een muziekprogramma te kijken, een computerspel te doen, auto te rijden of te praten over hoe anderen (helden) omgaan met situaties waarin zij terechtgekomen zijn.
Een vrouw uit mijn supervisiepraktijk schreef in haar reflectieverslag over vrouwelijke en mannelijke communicatie:

> Wat een eyeopener voor mij, wat betreft mijn man. Ik eis als vrouw steeds dat hij me aankijkt, terwijl ik nu zie dat dit gedrag eigenlijk helemaal niet storend is! Ik kan het verdragen dat hij zo doet. Het helpt hem juist om in dialoog te blijven, omdat hij even mag wegkijken.

Door toe te geven dat er verscheidene gespreksmethodieken zijn en diverse wegen om te komen tot een doel, kunnen we creatiever nadenken over onze stijl van communiceren in de begeleidingsrelatie. We hoeven daarvoor niet onze normen los te laten, maar kunnen onderzoeken hoe die tot hun recht komen in een andere vorm, in andere rituelen en handelingen.

9.10 Systemen van het veld

Figuur 7 toont een bijzonder beeld op een begraafplaats. Voor veel mensen, waaronder ikzelf, zal het bijzonder zijn om dit op een begraafplaats aan te treffen. In sommige streken zal het zelfs onmogelijk zijn.

In welk land en op welke plek denk je dat dit is? Wat vind je van een beeld als dit op een begraafplaats? Wissel eens met elkaar uit waar de verschillen en overeenkomsten in waardering vandaan komen. Welke waarde, welke norm komt in het gedrang of wordt hier gewaardeerd? Wissel ook eens met mensen in de omgeving uit welke rituelen je kent rond geboorte en dood. Welke betekenis hebben deze rituelen?

Van rituelen rond geboorte en dood, huwelijk en volwassen worden is de betekenis maar zelden bekend. Soms zijn er frappante overeenkomsten en soms zijn er onverenigbaar lijkende verschillen. In sommige culturen worden jongens de eerste maanden als meisje gekleed, met een jurkje, strikjes en veel roze. Dat hoorde ik in een training met

Figuur 7 Hoe neem je deze foto waar?

vrouwen uit Zuid-Oost Azië, het Midden-Oosten, Afrika, West-Europa en Zuid-Amerika. Het verhaal was dat daarmee de geesten worden misleid. Die zouden pasgeboren jongens mee willen nemen en dus was het zaak om dat te verbergen. Bij de dood horen vaak was- en reinigingsrituelen (van persoon en woning), het afdekken of omdraaien van spiegels en van rond het dorp, de kerk of de begraafplaats lopen. Zoals de metafoor van de ijsberg laat zien, toont een ritueel zich aan de oppervlakte, maar moet de diepere betekenis gezocht worden in oude streek-, familie- of regioverhalen. Niet zelden is deze betekenis onbekend, maar wordt er wel waarde aan gehecht. Doorbreken of niet respecteren roept schande, angst, verzet en dergelijke op. De botsing die soms plaatsvindt zit meestal op een diepere laag. Soms zijn de betekenissen bekend en kunnen we ook ervaren waar we moeite mee hebben, soms zijn de betekenissen niet aan ons bekend of zijn ze niet echt van belang. Soms vinden we dat betekenissen niet van belang mogen zijn, omdat andere interne identiteiten de normen niet relevant vinden.

> Een vriendin die erg veel aandacht aan haar tuin besteedt vindt dat haar buurman, een man van Antilliaanse afkomst, zijn tuin verwaarloost. Ze ziet dit aan met enige verbazing, maar als hij een grote hoop tuinafval laat liggen tegen een plant die grenst

aan haar tuin wordt het lastig voor haar. Haar identiteit als 'tuinvrouw' komt in het geding. Ze is zich zeer bewust van andere identiteiten. In haar 'progressieve' identiteit wil ze diversiteit positief benaderen. Ze werkt veel met gezinnen die multicultureel van afkomst zijn. Haar 'professionele identiteit' geeft haar het vermogen om te kijken naar diversiteit in normen. Haar verbazing is op dit moment verworden tot ergernis, maar dat mag ze van haar interne diversiteiten niet zo direct tonen. Nu bedreigt zelfs zijn afval haar struik en ze ervaart een dilemma: mag ik mijn normen opleggen aan deze buurman? Ben ik dan niet te burgerlijk?

Ga eens bij jezelf en bij anderen na tot welke groep jij of een naaste behoort waarover grappen worden gemaakt. Wat doen deze grappen met je? Wanneer reageer je wel en wanneer niet? Wat maakt dat we soms een identiteit laten zien en soms niet? Dat we soms geraakt zijn door bepaalde uitingen of gedragingen en soms niet? Dat we soms intern strijd voeren over onze normen en dat ze soms glashelder zijn?

In veel situaties komen mensen ergens binnen zonder een hand te geven. Maar als iemand vanuit bepaalde religieuze overtuiging zegt dat hij geen hand mag geven, druist dat in tegen bepaalde normen. Zeker als hij zegt dat hij een vrouw geen hand mag geven, want dat wordt door sommigen ervaren als tegengesteld aan onze normen op het gebied van seksegelijkheid. De ene identiteit wordt in bepaalde contexten hoger gewaardeerd dan de andere en het ene ritueel is meer van belang dan het andere. Het verschil dat in Nederland nog altijd aanwezig is in de beloning van mannen en vrouwen lijkt soms minder gevoelig dan het wel of niet handen schudden.

De vrouwenbeweging in de jaren zeventig en tachtig leek er vrij uniform uit te zien: zonder bh, make-up of sexy kleding, zonder veel aandacht voor het kapsel, enzovoort. Dit versterkte het 'wij vrouwen'-gevoel. Soms waren er strenge wetten: een vrouw met nagellak of pumps kon geen goede feministe zijn. Vrouwen die te veel aandacht aan het moederschap besteedden waren niet goed voor de vrouwenbeweging. Net als vrouwen die mannen leuk en aantrekkelijk vonden.

De groep legt zichzelf regels op om een sterk signaal naar binnen en naar buiten af te geven (het confluentiecontract). Het wij-gevoel moet soms ten koste gaan van de individuele vrijheid en als mensen dat voldoende ervaren gaan ze daar ook in mee. De groep vraagt solidariteit vanuit de ene identiteit en voor zolang de 'strijd' woedt, verdwijnen behoeften van andere identiteiten even naar de achtergrond.

9.11 Harde normeringen van gedrag

Het bovenstaande lijkt misschien een beeld te geven dat alles moet kunnen, vanuit de gedachte: iedereen heeft toch recht op eigen normen, handelingen en rituelen. Echter, we zijn sociale dieren en in sociale omgevingen hebben we het nodig om regels te maken en te hanteren die onze veiligheid, onze ruimte, onze diverse behoeften garanderen. We hebben wetten en regels nodig en mensen die ze handhaven; soms kunnen en moeten we dat zelf doen. Soms willen we dat mensen ander gedrag aanleren, soms met (lichte of zware) dwang.

> In het hiervoor beschreven voorbeeld van de twee tuinen ging de vrouw naar haar buurman en zei dat zijn afval de gemeenschappelijke struik vernielde. Hij excuseerde zich en haalde het afval weg. Zijn manier van kijken naar de tuin was een andere dan die van haar. Overlast bezorgen was niet zijn intentie. Het was hem gewoon niet opgevallen.

> In een training over huiselijk geweld was er in eerste instantie geen aandacht voor de achtergronden van de dader. De eerste prioriteit was: het geweld moet stoppen, zonder onderhandelingen, excuses of verhalen over hoe het zo gekomen is. Pas toen het geweld stopte kwam er ruimte voor een dialoog over de achtergronden.

> In een lesgroep wilde ik de ogen van de studenten kunnen zien. Dus geen petten op of haren voor de ogen, of je verbergen achter een laptop. Het non-verbale contact was voor mij belangrijk in de les. Maar dan komt er een blinde vrouw in mijn lesgroep die een zonnebril draagt, moet ik mijn norm toch heroverwegen?

> Zoals de taxichauffeur in Kenia zei tegen de vrouw die boos was omdat hij te laat was: 'Waarom ben je nu boos? Ik ben er toch?' Beiden waren geschokt op het gebied van vertrouwen, maar wie heeft gelijk? De een zegt: ik vertrouw je niet omdat je te laat bent, en de ander: je geeft me geen vertrouwen want je gelooft niet dat ik kom.

> De moeder van een Indonesische pleegdochter, zei na klachten over haar dochter van het onderwijzend personeel: 'Je moeder heeft je geleerd dat respect hebben betekent dat je ouderen niet aankijkt. Je toont hen respect door ze niet aan te kijken en geen vragen te stellen en te wachten tot ze jou iets vragen.' In Nederland tonen we juist respect door iemand wel aan te kijken en vragen te stellen. Je kunt dus trouw blijven aan de boodschap van je moeder maar in Nederland is het gedrag dat daarbij hoort anders. In de diepe laag trouw blijven aan je afkomst, maar in het ritueel, de handeling, het gedrag ruimte laten voor verandering.

Als we ons bedreigd voelen in onze waarden, worden onze rituelen (de buitenschil in figuur 8) van levensbelang. Als we ruimte ervaren voor onze waarden (de kern van dit model), kunnen we in de buitenschil wel wat onderhandelen. Soms is de buitenschil zo aangetast dat er geen ruimte is om te spreken over normen en waarden. Deze cirkel is een andere manier om weer te geven wat McClelland eerder aangaf met de ijsberg.

Als we op deze cirkel de eerder genoemde diversiteitscirkel projecteren, zien we dat de sturing van identiteiten vanuit de binnenkern komt. De onderliggende laag bepaalt en stuurt wat aan de buitenkant zichtbaar is. Geen erkenning voor de binnenkant zorgt ervoor dat het sturingsmechanisme hard en onbeweeglijk wordt. Erkenning voor de

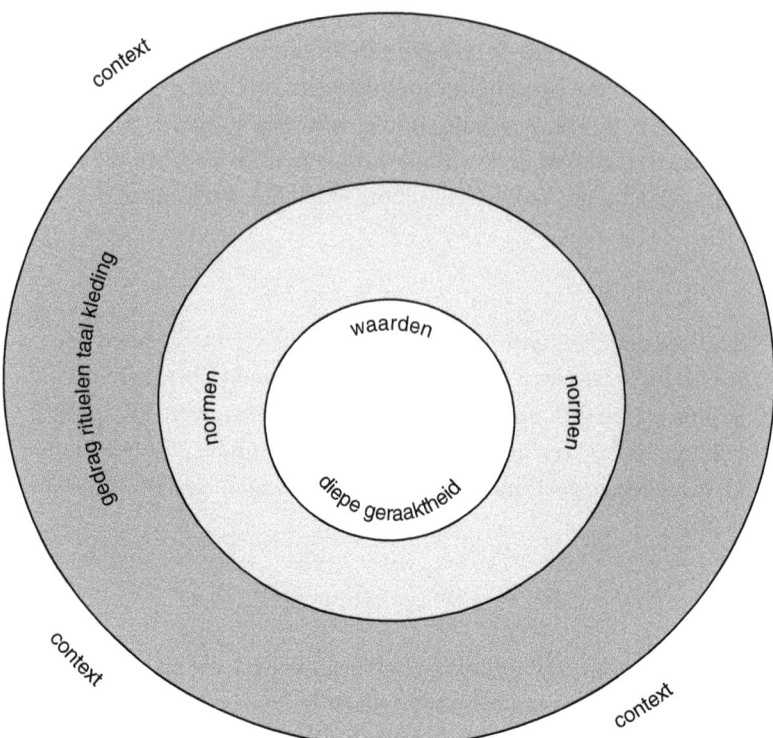

Figuur 8 De normen- en waardencirkel.

binnenkant geeft sturingsmogelijkheden. In het voorbeeld hierboven van de Indonesische pleegdochter geeft de moeder aan dat de diepe geraaktheid, de familiewaarde (respect tonen), hetzelfde kan blijven bij ander 'buitenkantgedrag' (zie ook par. 9.5).

> **Kernpunten**
> - Om te werken met diversiteit is het belangrijk om vooroordelen en taboeonderwerpen aan te raken en met respect te onderzoeken, zonder ze vast te zetten.
> - Door een heldere positie in te nemen kan een begeleider zorgen voor een veilige relatie die dit onderzoek stimuleert.
> - Niet de drift om te veranderen maar acceptatie van het hier en nu leidt tot inzichten en biedt mogelijkheden lastige situaties te hanteren.
> - Open onderzoek van normen en waarden leidt niet tot vrijblijvendheid, maar laat zien waartoe regels dienen en waartoe ze leiden.

10 Een andere blik op de theorie

10.1 Inleiding

Voor het werken met diversiteit hoeven geen specifieke theorieën te worden ontwikkeld. Daarvoor kunnen in de visie van dit boek heel goed algemeen bekende theorieën worden gebruikt. Deze theorieën moeten wel intensief en onderzoekend worden toegepast. Soms moeten we daarbij wat 'oneerbiedig' omgaan met de oorspronkelijke theorie, vooral door ze te testen en op waarde te schatten wat betreft de uitgangspunten. Zijn ze niet te feminien, blank, middenklasse, westers, enzovoort?
In het vorige hoofdstuk werden vooral theorieën omschreven die gaan over houdingsaspecten. In dit hoofdstuk volgen meer algemeen bekende begeleidingsmethodieken en theorieën. Hier worden enkele relevante methodieken bekeken op hun waarde om diversiteit bruikbaar en effectief in te zetten in de begeleiding. Ook hierbij het advies om zelf steeds actief te bekijken wat van pas kan komen. Ook deze modellen moeten passen bij de persoon van de begeleider!

10.2 Omgaan met sensaties: de creatiespiraal

Elke situatie waarin we terechtkomen zorgt voor een andere sensatie. Sommige sensaties zijn licht en goed hanteerbaar. Andere situaties zijn heftig, in prettige of onprettige zin, en kunnen leiden tot moeilijk te hanteren sensaties. Zo kunnen we overrompeld worden door een compliment, verliefdheid, trots, pijn, angst, enzovoort. Als een sensatie te heftig is om mee om te gaan, gaan we over tot een soort van overlevingsactie ('coping'). Het is niet altijd eenvoudig om opwinding te ervaren, te hanteren en te maken tot succesvol handelen. Vasthouden aan zelfregie, hanteren van eigen leiderschap is dan niet altijd even gemakkelijk.

Hevige sensaties uit ons verleden vroegen om een creatieve afstemming, we ontwikkelen in dergelijke situaties verscheidene copingmechanismen. Vooral kinderen hebben de flexibiliteit om zich binnen het sociale systeem (zoals gezin, familie of school) aan te passen aan datgene dat het systeem nodig lijkt te hebben. Ze maken zich een manier van doen eigen om met de situatie om te gaan. Deze aanpassing is niet altijd gezond maar wel passend binnen de gegeven situatie.

Vluchten, vechten en bevriezen (zie ook par. 10.7) zijn drie variaties die we daarbij inzetten. In de gestalttheorie wordt gesproken in termen van contactstijlen die betrekking hebben op eenzelfde soort handelen. Het echt contact hebben, het ervaren van een sensatie is lastiger naarmate het ons heftig raakt of als het ons doet denken aan eerdere pijnlijke situaties. Dergelijke pijnlijke situaties vermijden we door een bepaalde contactstijl. Het blijven onaffe situaties, die de neiging hebben zich te herhalen. Vermijden van bepaalde sensaties is ook een manier om ermee om te gaan. Vermijden van dergelijke sensaties gaat niet alleen op als het gaat om negatieve, pijnlijke sensaties. De sensatie dat we misschien wel heel succesvol kunnen zijn als we ons zouden inzetten, is voor velen een belangrijke reden om zich in te houden.

> *Onze diepste angst is niet dat we ontoereikend zijn.*
> *Onze diepste angst is dat we oneindig krachtig zijn.*
> *Het is ons licht, niet onze duisternis*
> *waar we het aller bangst voor zijn.*
> *We vragen ons af: wie ben ik dat ik briljant,*
> *buitengewoon aantrekkelijk getalenteerd*
> *en geweldig zou zijn?*
> *Maar waarom eigenlijk niet?*
> *Je bent toch een kind van God?*
> *Dat je je kleiner voordoet dan je bent,*
> *komt de wereld niet ten goede.*
> *Er is niets verheffends aan*
> *je kleiner voor te doen dan je bent,*
> *opdat de mensen om je heen zich vooral*
> *niet onzeker gaan voelen.*
> *Wij zijn geboren om de luister van God uit te dragen*
> *die in ons woont.*
> *Niet slechts in enkelen van ons, maar in ons allemaal.*
> *Als wij ons licht laten schijnen, geven we anderen*
> *onbewust toestemming om dat ook te doen.*
> *Als wij bevrijd zijn van onze eigen angst,*
> *bevrijdt onze aanwezigheid automatisch anderen.*
> Marianne Williamsen, in Nelson Mandela, A return to love

Dit mechanisme om onszelf tegen te houden succesvol te zijn gaf Marinus Knoope (1998) weer in de creatiespiraal (zie figuur 9). Hoe kunnen we de plannen die we maken doorzetten, waar zijn we geneigd om aan voorbij te gaan. Welke fase geven we welke betekenis?

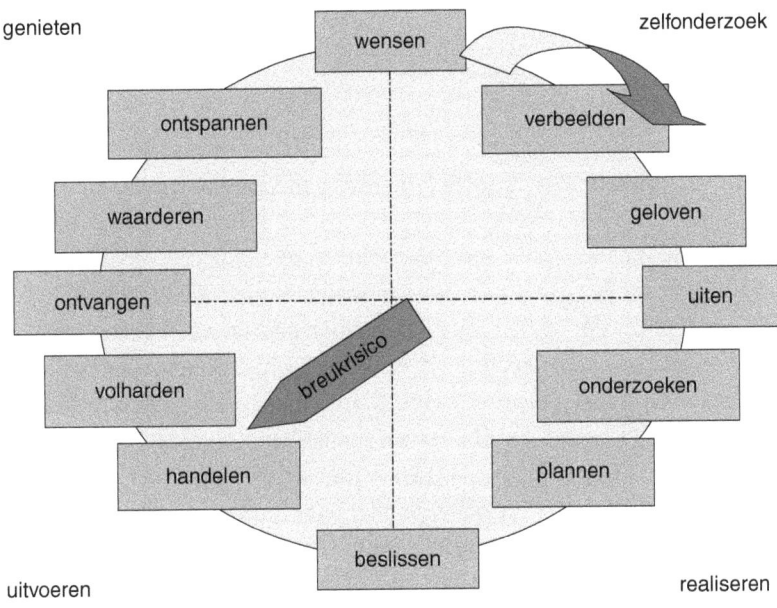

Figuur 9 *De creatiespiraal van Marinus Knoope.*

'De natuurlijke weg van wens naar werkelijkheid', is de ondertitel van de creatiespriaal. Ook bij deze creatiespiraal spelen normen een bepalende rol, zoals ook Marianne Williamsen aangeeft. Succesvol zijn heeft in elke context een andere betekenis, maar vaak is succes moeilijk te dragen. Ook hier spelen diversiteitsaspecten een rol. Hoe succesvol mag een dove vrouw zijn? Van zichzelf en haar omgeving? Rond de Olympische spelen in China in 2008 speelde de vraag of een Zuid-Afrikaanse sprinter mocht meedoen met hulpstukken die zijn onderbenen vervingen. Hoe succesvol mag een fysieke aanpassing zijn?

In een leiderschapstraining voor kunstenaars met een vluchtelingenachtergrond raakte ik in gesprek met een acteur. Hij was heel succesvol geweest in zijn vaderland maar kwam hier maar niet terecht op een voor hem geschikte plek in de theaterwereld. Hij was hierover zeer gefrustreerd en boos en werd neerslachtig. Door te werken met de creatiespiraal kwamen we terug bij zijn wens, zijn sensatie. Om die te uiten in een omgeving waar de sensatie niet meteen werd overgenomen was een teleurstelling. Het lukte hem zijn wens weer eigen te maken en om er weer leiderschap over te nemen en zijn projecties in te zien. Door leiderschap te nemen kon hij mensen meenemen in zijn enthousiasme en kwam hij tot een prachtig theaterstuk over de mechanismen van accepteren en uitsluiten.

10.3 Wisselend perspectief (de roos van Leary)

In elke situatie nemen we een positie in ten opzichte van elkaar. De roos van Leary laat goed zien hoe we ons in relatie tot elkaar opstellen, welk effect dat op de ander kan hebben en hoe we in beweging kunnen komen. Leary heeft het over de basisposities boven en onder en samen en tegen. De posities staan altijd met elkaar in verband, dus een docerend iemand staat boven samen en heeft mensen nodig om te luisteren, dus die stellen zich onder samen op. Degene die het niet zo kan schelen wat de docerende zegt gaat naar onder tegen en degene die zegt: 'Ik weet het beter', gaat naar boven tegen. Wil de docerende persoon dat er iets verandert aan de positie van de toehoorders dan zal deze zijn eigen positie moeten heroverwegen. Ga ik boven tegen en zeg: 'Stil allemaal en luisteren'? Ga ik naar samen onder en zeg: 'Vertel maar wat jullie nodig hebben, ik ben afhankelijk van jullie medewerking', of: 'Laat maar zitten. Zo hoeft het niet, ik trek me wel terug'? Door de roos van Leary te combineren met het kwaliteitenkwadrant van Ofman (zie par. 10.5) kunnen we elke positie als kwaliteit en valkuil zien. Werken met diversiteit betekent niet dat we een vooropgezet idee hebben van goede en slechte posities, maar dat we accepteren dat ieder een andere voorkeur heeft en we daarnaar kijken om te zien hoe we kunnen samenwerken.

De normen rond de posities zijn in de loop der jaren veranderd in onze samenleving. De goede leidinggevende moet tegenwoordig onder durven plaatsnemen. Het is niet meer bij voorbaat degene die het beste weet hoe een taak uit te voeren en dat besef is in managementland wel doorgedrongen. De directeur van een busmaatschappij hoeft niet per se een goede chauffeur te zijn. De manager van een ingenieursbureau heeft vaak minder vakkennis dan het uitvoerend personeel. Dit betekent dat een moderne leidinggevende zich realiseert dat hij vaak afhankelijk is van zijn personeel en dus op bepaalde momenten die positie zal moeten innemen.

In een masculiene omgeving kan het innemen van een positie in de pikorde van groot belang zijn. Zo zijn bijvoorbeeld jongens (zie par. 7.2) die in dit systeem hun veiligheid zoeken gebaat bij een begeleider die zijn positie daarbij inneemt en grenzen stelt.

10.4 Leerstijlenconfluentie (Kolb)

Over hoe mensen leren is onder anderen door Kolb gepubliceerd, onder meer over leerstijlen. Maar hoe hiermee te werken vanuit het diversiteitsdenken? Als we ervan uitgaan dat we verschillend leren en werken met het concept van bestendigen, betekent dit dat we iemands leerstijl als uitgangspunt nemen en geen energie stoppen in leerstijlen die iemand niet tot zijn beschikking heeft. In het huidige onderwijs en de begeleiding wordt veel aandacht besteed aan (zelf)reflectie.
Dit is een belangrijk onderdeel in de leertheorieën, maar dus ook een onderdeel dat normerend is gaan werken: reflectie of zelfreflectie is nodig. Als je niet gewend of geneigd bent aan zelfreflectie te doen, kan dat in het huidige leren, dat soms erg feminien en procesmatig lijkt te worden ingericht, als een behoorlijke rem ervaren worden. Wat doe je als je doelgericht, prestatie- en competitiegericht bent ingesteld en als dat ook bij je past en je succes brengt?
Veel nieuwe leer-/begeleidingstheorieën gaan uit van het principe van van binnen naar buiten leren. De omgekeerde variant wordt soms afgedaan als na-apen en niet-oorspronkelijk leren en wordt soms tweedehands leren[13] genoemd. Het komt niet op de diepere laag van het echte weten, het eigen ervarend leren. Masculien leren is echter leren door doen, door afkijken, zonder te vragen, door te zien 'ik kan het' versus 'ik kan het niet', eventueel met doorzetten, hard werken of opgeven. Vanuit mannelijkheidscoderingen werd dit eerder al benoemd als keuze in twee posities: almacht versus onmacht zonder veel tussenposities (je weet je plek in de pikorde).
Werken met diversiteit betekent hier kijken waar iemand staat, ruimte maken voor deze leerstijl en zien hoe deze in de huidige context ervaren wordt. De schoolcontext van kringgesprekken, eigen werkjes maken, zelf verantwoordelijkheid nemen, enzovoort, is misschien wel te feminien, waardoor het succesvol zijn van jongens (en ook meisjes) die in een masculiene context zijn opgevoed wordt beperkt.
Het indelen van mensen in identiteiten zoals de assimileerder en convergeerder, zoals soms met Kolb gewerkt wordt, staat ver af van het diversiteitprincipe. Ik gebruik deze woorden ook liever niet, maar be-

---

13 Prof. dr. H.G. Petzold in een lezing voor de Haagse Hogeschool (1999).

noem de activiteit: concreet handelen, observeren en reflecteren, conceptueel abstraheren en actief experimenteren. Zo laat ik mensen wat rondcirkelen in activiteiten die ze als voorkeurstijl hebben, om te zien hoe van daaruit gewerkt kan worden aan uitstapjes in de onbekendere gebieden.

Het is kortom belangrijk om leren, en zeker de normering rond leren, nog eens goed vanuit diversiteitperspectief te beschouwen.

10.5 Kwaliteiten als uitgangspunt (Ofman)

Het werken vanuit kwaliteiten geeft de mogelijkheid aan mensen om kracht in te zetten bij het omgaan met mogelijke zwakkere punten. Daarin heeft Daniel Ofman een waardevol instrument gegeven aan dienstverleners. Werken met kwaliteiten is inmiddels redelijk ingeburgerd in de begeleidingstheorie. Het geeft de mogelijkheid om te starten bij wat er is, in plaats van bij wat er niet is. Zowel voor de dienstverlener zelf in het ontwikkelen en verbeteren van de dienst, als voor de afnemer in het exact bekijken wat de wens is en of deze aansluit bij aanwezige kwaliteiten. Zoals eerder bij de methodische reeks onder doelstelling werd uitgelegd, is het van belang te zien welke vruchtbare grond aanwezig is voor het 'planten' van meer kwaliteit.

> John heeft een recent verleden in de prostitutie en was gokverslaafd. Hij komt terecht in een begeleid-wonenproject maar wordt, na een eerste gevoel van opluchting en zicht op een nieuw bestaan, steeds passiever en valt wat terug in oud gedrag. De begeleiding probeert samen met John van alles te zoeken om hem een wending te laten maken in zijn leven. Alles lijkt te mislukken en zijn zelfbeeld is behoorlijk slecht. Hij schaamt zich voor zijn achtergrond en wil daar niets meer mee te maken hebben en eigenlijk ook niet meer over praten. Toch lijkt hem dat niet te lukken, dat bestaan lijkt hem ook te trekken. Na een aantal maanden komt een begeleider op het idee om John eens te laten vertellen over de voordelen van zijn vroegere bestaan. Na enig aarzelen en na eerst alle nadelen te hebben benoemd, begint hij. De begeleider merkt dat hij enthousiast wordt, maar vraagt toch door. John schrikt zelf van zijn enthousiasme maar na een geruststelling kan hij leuke verhalen vertellen over zijn leven in de prostitutie. De begeleider gaat samen met hem zoeken naar de achtergrond van de verhalen en komt bij zaken als: buiten zijn, eigen baas zijn, veel mensen ontmoeten, goed geld verdienen, spanning, gewaardeerd

worden, enzovoort. Allemaal zaken waar John van genoten heeft. Ze besluiten het verhaal over de kwaliteiten van John en van zijn verleden op te schrijven. Geleidelijk ontstaat een beeld van wat hij van zichzelf en de omgeving verwacht, wat hij waardevol vindt. Na een aantal keren ontstaat het idee om eens bij een bevriende marktkoopman te gaan kijken. Hij staat een paar dagen achter de kraam en geniet daar zeer van.

10.6 Situationeel leiderschap (Hershey en Blanchard)

Met het nieuwe leren en de moderne stijl van management met zelfsturende teams is de norm ontstaan dat medewerkers, studenten, cliënten zelf veel verantwoordelijkheid moeten dragen voor het welslagen van het werk dat ze te verrichten hebben. Er is, zoals hiervoor al gezegd werd bij de roos van Leary, niet veel ruimte meer voor de deskundige of (gilde)meester. Het proces is van belang en lijkt soms belangrijker dan het resultaat.
Het model van situationeel leiderschapsmodel van Hershey en Blanchard geeft voor delegeren en taakvolwassenheid een mooi en bruikbaar model. Deze auteurs hebben het over niveaus van 'maturity', waarbij gestreefd wordt naar een grote mate van taakvolwassenheid. Veel nadruk op zelfsturing betekent waarderen en sturen op het kunnen delegeren van bevoegdheden.

> In het hoger beroepsonderwijs is enkele jaren geleden de studieloopbaanbegeleiding (SLB) ingevoerd. Het komt erop neer dat studenten in groepen aan projecten rond een studiethema werken en de docent het proces begeleidt. De docent maakt hierbij geen gebruik van vakinhoudelijke kennis maar begeleidt het samenwerkingsproces, het proces van onderzoeken en verbinden en van toepassen van het beschikbare en het te (onder)zoeken materiaal. Ik heb mij hierin verdiept om een programma te kunnen maken voor SLB'ers op de Haagse Hogeschool. Wat mij opviel is dat deze SLB als een soort gedelegeerde bevoegdheid werd ingevoerd voor studenten en docenten, zonder heldere analyse van de beginsituatie. En zonder te zien wat er in de hele context nodig is om te kunnen delegeren. Veel mensen voelden zich in het diepe gegooid en kwamen in verzet of probeerden er maar het beste van te maken.

Ik ben met het situationeel leiderschap aan de slag gegaan om een structuur aan te bieden waarmee aan taakvolwassenheid gewerkt kan worden. Ervan uitgaande dat niet elke student en/of docent meteen al taakvolwassen is. De start was om eerst te zien hoe het installatie- en contracteringsproces verliep. Welk contract maakte de school met de docent en welk contract maakte de docent vervolgens met de student? Veel weerstand kwam voort uit (on)terechte vooroordelen, een onduidelijke positiebepaling, niet weten wat te doen met de twee taken: proces en inhoud, twijfel en niet gezien worden in eigen (vakinhoudelijke) deskundigheid, enzovoort. Kortom weinig aandacht voor de diversiteit van docenten en studenten. Het bleek een leermodel waarin ieder zich moest voegen, terwijl het juist ging om taakvolwassenheid.

Gedurende een van de serie lessen over de SLB werd mij door een internationale groep docenten - terecht - de vraag gesteld wat voor hen het nut ervan was. Zij gingen immers werken in bijvoorbeeld Oost-Europese, Aziatische en Afrikaanse landen, waar de docent de man is die het weet. De norm van taakvolwassen leren, eigen verantwoordelijkheid voor het leerproces, enzovoort, was voor hen een die hier paste maar niet in hun toekomstige baan. Hetzelfde gebeurde bij docenten die werkten met uitwisselingsstudenten. Deze studenten verlangden les, inhoud; een deskundige die vertelde hoe het zit.

10.7 Vluchten, vechten of bevriezen

Het eerder aangehaalde onderzoek van Frijda (1988) geeft onze dierlijke reacties aan op emotie. We hebben drie basisreacties: vluchten, vechten of bevriezen (ofwel 'flight', 'fight' of 'freeze'; de drie f'en). Drie normale reacties, die heftiger kunnen zijn naarmate de omstandigheden heftiger en meer onverwachts zijn en zeker als ze een aanslag doen op ons gevoel van veiligheid en voorspelbaarheid.

Welke manier van reageren ken je van jezelf als er iets heftigs gebeurt? Wanneer ga je vluchten, vechten en wanneer bevries je? Wat vind jouw privéomgeving daarvan en hoe waardeert je werkomgeving dit gedrag?

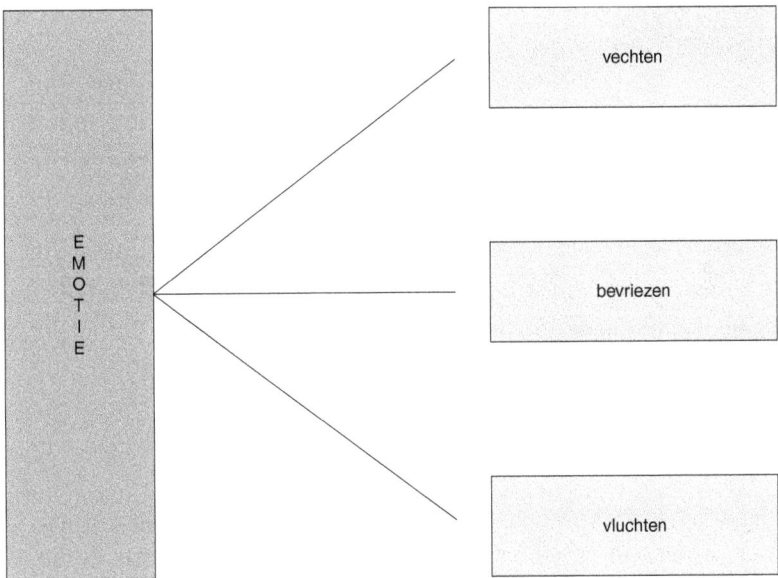

Figuur 10 *De drie mogelijke reacties op een emotie.*

Het normeren van onze reactie helpt niet om deze te onderzoeken. In navolging van eerdere theorieën is het raadzaam om ook hier een vorm van acceptatie te hanteren, om daarmee datgene wat er is te onderzoeken. Onze reacties op emoties zijn te vergelijken met de eerdergenoemde contactstijlen, zoals projectie, retroflectie en deflectie. De normen hieromtrent variëren uiteraard nogal, zoals: 'Het is laf om te vluchten', 'Je bent een watje als je niets doet', en: 'Vechten is dom en simpel.' Belangrijk lijkt het daarom om te bespreken welke normen men heeft over de reactie en hoe de werk- en privéomgeving hierover denkt. Het letterlijk natuurlijke van onze reacties kan daarbij helpen het eigen gedrag te accepteren.

Vanuit acceptatie van onze natuurlijke neiging kunnen we kijken naar mogelijke handelingsperspectieven. Het eerste werk is dan te erkennen dat we geraakt worden, dat er sprake is van een emotie door bepaalde gebeurtenissen. Als we ons bewust worden van onze emotie zijn er meer mogelijkheden voor een bewuste keuze.

Bij het zich bewust zijn van een keuze blijven de opties open, maar dan is er bij vechten een afweging dat vechten echt nut heeft, dat vluchten een goede keuze kan zijn en dat, als we de situatie kunnen overzien, professioneel hanteren, feedback geven en confronteren een goede optie is.

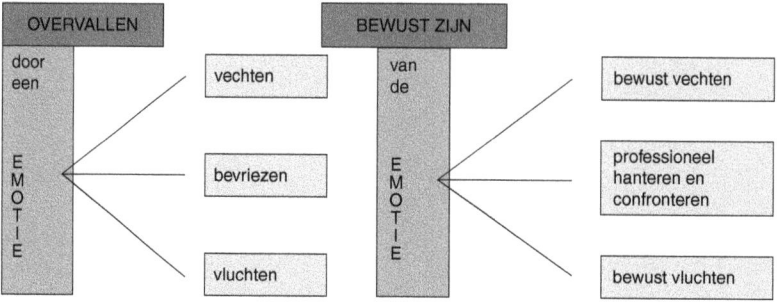

Figuur 11 *De emotie ervaren en bewust hanteren.*

10.8 Agressie en levenslust

Het onderscheiden van het ik en het jij, het verschillend zijn van een andere persoon, is een belangrijke bezigheid ten behoeve van de dialoog. Zonder onderscheid is contact met de ander niet mogelijk. Dit losmaken, het innemen van de eigen ruimte is een vorm van agressie. Agressie te kunnen zien als levenslust geeft een andere waardering aan agressie. Het gaat dan om het leven aangaan, naar buiten treden, het contact aangaan met een ander, het andere, de wereld, een ambitie, enzovoort. Agressie is een emotie die zeker in feminiene culturen ondergewaardeerd wordt en vaak wordt genegeerd. In masculiene culturen wordt agressie misschien meer gewaardeerd, maar nogal eens verward met geweld en macht.

> Tijdens trainingen bij Justitie bleken veel personeelsleden de norm te hebben dat vluchten laf is en onprofessioneel. Het heeft heel wat gesprekken en voorbeelden en oefenen gekost om deze norm wat af te zwakken. Bijzonder was dat juist degenen die ervaren waren en heftige agressie hadden meegemaakt er sneller van te overtuigen waren dat bewust voor vluchten kiezen een prima optie is.

De pikorde wordt vaak met vormen van competitie en agressie ingedeeld. Wie staat op de eerste plaats en wie volgt? Generaliserend lijkt het erop dat hulpverlening en onderwijs steeds meer feminiene normen aanhangen en daarmee voorbijgaan aan deze levensdrift. Agressie wordt tegengegaan en dus leren kinderen ook niet een manier om hiermee om te gaan.

Je bewust zijn van emotie betekent dat we steeds bekijken hoe bepaalde emoties wel en niet tot hun recht komen en hoe andere worden onderdrukt. Het is vooral belangrijk om de waardering hiervan te heroverwegen en te toetsen op het nut en de functie voor groep en individu. Emoties en diversiteit hebben veel invloed op elkaar. De onderste lagen van de ijsberg zijn vaak gevormd door diepe emoties van het gehele veld.

10.9   Identiteitscirkel

Als laatste gedeelte van dit hoofdstuk introduceer ik twee eerder gepubliceerde methodieken. Een manier van kijken die ik onder andere ontwikkelde voor het boek *Trainen over diversiteit* (Bos & Cense, 2005). De werkwijze combineert de in het voorgaande genoemde theorieën: caleidoscopia, gestalt en McClelland. De identiteitscirkel is een manier om te kijken hoe onze interne diversiteiten als deel van het gehele veld steeds in beweging zijn. Hoe ze in de relatie beïnvloeden en beïnvloed worden. De cirkel bestaat uit de verzameling interne identiteiten, die in onderlinge samenhang een uniek individu positioneren, presenteren en laten ervaren in wisselwerking met de gehele context.

De onderdelen van de cirkel vormen zich in voortdurend contact met de gehele context en worden aangestuurd in de wisselwerking tussen omgevingsfactoren en eigen diepe overtuigingen en geraaktheden (zie ook: normen en waarden cirkel figuur 8). In elke situatie veranderen de posities en de onderlinge verhoudingen tussen onze interne identiteiten. Er is sprake van een constante creatieve aanpassing in de wijze waarop het individu zich als onderdeel van het veld, van de omgeving, organiseert. We veranderen daarmee niet van identiteit, maar de positie, de grootte en de manier waarop onze identiteiten zich aandienen en de ruimte die deze inneemt, verandert echter wel.

Onze identiteiten blijven steeds aanwezig binnen het gehele veld waar we een participerend onderdeel van zijn. Ze beïnvloeden elkaar op diverse manieren, soms komt hierbij een interne tegenstrijdigheid aan het licht, (bijvoorbeeld de directeur die in het gezin van herkomst juist de jongste is) soms wordt de onderlinge samenhang merkbaar en wordt een identiteit sterker. Daarmee komt soms de ene identiteit meer op de voorgrond en soms ook verdwijnt een identiteit (tijdelijk of voor lange tijd) naar de achtergrond. De context, het veld is steeds in beweging en er is daarmee een constante wisselwerking met de interne, zichtbare en onzichtbare, merkbare en onmerkbare, identiteiten.

Maak voor jezelf een cirkel waarin je je eigen interne diversiteiten plaatst. Kijk eens hoe de onderlinge verdeling qua grootte en positie wordt in de diverse omge-

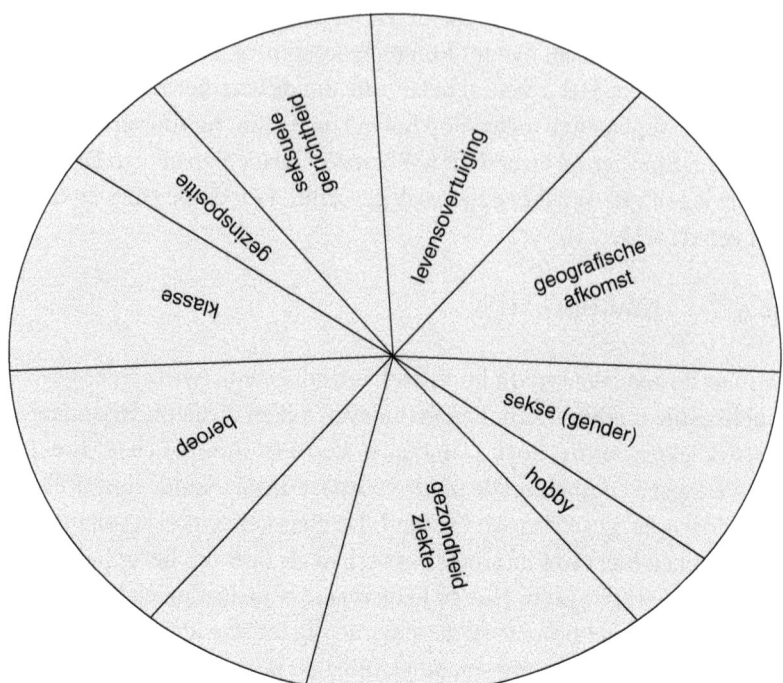

Figuur 12 De identiteitscirkel van Marten Bos.

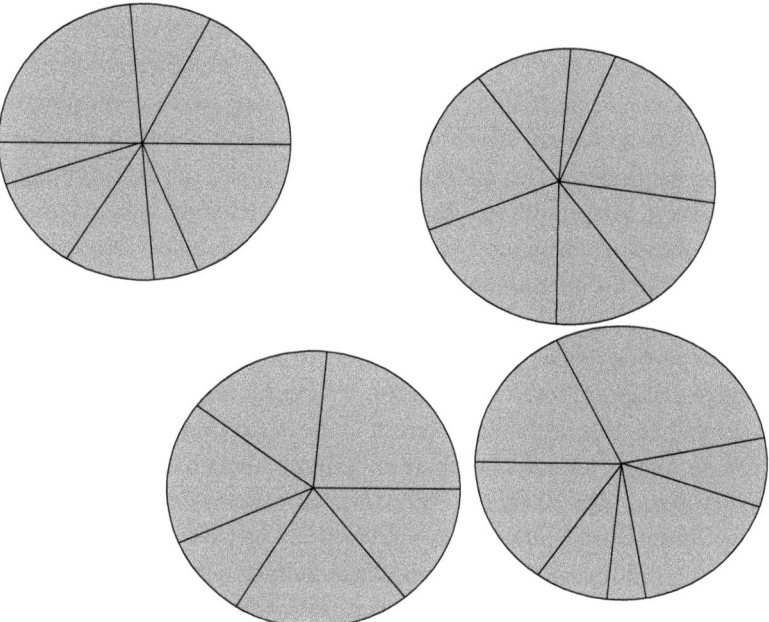

Figuur 13 De onderlinge beïnvloeding van de identiteitscirkels.

vingen (thuis, werk, school, vrienden, winkel, huisarts, vakantie, hobby, straat, sport, relatie, enzovoort) waar je je in begeeft. Wissel eens uit met anderen hoe hun cirkels er uitzien. Wat beïnvloedt bij hen de 'keuze' om identiteiten kleiner of groter te maken, op de voorgrond te plaatsen of te verstoppen? Hoe bewust of onbewust is iedereen zich daarvan?

Zo laat onze identiteit zich in het ene contact eerder zien dan in het andere contact. Hierbij komt een wezenlijk verschil in beeld; de ene identiteit kan zich in relatie tot de omgeving op een eenvoudige wijze verstoppen en andere identiteiten op een lastige wijze. Immers niet elke identiteit is even gemakkelijk naar de achtergrond te duwen, denk aan huidskleur, sekse, duidelijke fysieke beperking. Ook kan de ene identiteit zich beroepen op een grotere maatschappelijke acceptatie dan de andere, soms in de samenleving als geheel, soms in bepaalde sociale groepen. Onze creatieve aanpassing aan de context betekent dan ook, dat we ons soms genoodzaakt voelen of de (opgelegde) wens hebben om een identiteit te verbergen, hoewel deze nauwelijks 'klein' te krijgen is. Juist een dergelijke 'verborgen' identiteit heeft de neiging het geheel behoorlijk te beïnvloeden. Dit houdt ook weer verband met de elders besproken theorie van de drie f-en. Gaan we vanuit deze identiteit het gevecht aan met de omgeving, of vluchten we, of bevriezen we deze en zetten de identiteit vast?
In combinatie met de metafoor van de ijsberg kan gesteld worden dat identiteiten die hun oorsprong hebben in de diepere lagen heel moeilijk 'weg te werken' zijn. Het zijn als het ware onze basis identiteiten, fundamentele identiteiten. Als deze basis identiteit echter als bedreigend wordt ervaren voor ons welbevinden in de gegeven situatie, kan er een verharding optreden die aan de buitenkant al dan niet merkbaar is. Verharding kan zich bijvoorbeeld presenteren in een fanatieke radicalisering of juist in een hardnekkige ontkenning van datgene dat wel aanwezig is.
De bovenstaande cirkels kunnen dan gezien worden als ijsbergen die we van bovenaf bekijken. De diepere lagen komen in botsing, waardoor een identiteit zich terugtrekt of juist vergroot en extreem wordt uitgedragen. Zo zijn de uitingen - bijvoorbeeld door middel van bepaalde kleding, door trots 'geuzen' gedrag, door gebruik van zichtbare symbolen – soms sterk en soms ook karikaturaal. Dit zien we vaak bij een sociale beweging, die kleding of symbolen inzet als een middel in de strijd voor emancipatie (vrouwenbeweging, anti racisme beweging, kraakbeweging, jongeren groepen, etc.). Deze uitingen zijn niet alleen

iets van het individu (intrapsychisch) of van de groep, maar moeten steeds bekeken worden in de relatie (interpsychisch) tot de omgeving. Het is een resultaat van het wisselwerkende contact tussen omgevingsfactoren en innerlijke motieven.

> Het uiten van trots op je beperking door het houden van een Mis(s) Verkiezing[14] is een veldfenomeen. Het is niet de gehandicapte die zo nodig moet laten zien wat zijn handicap is. Het is een reactie van het gehele veld, die ook als zodanig gezien moet worden. De persoon plaatst de handicap op de voorgrond om juist in het veld (dus zowel in contact met zichzelf als met de omgeving) ruimte te maken voor meerdere identiteiten. De stigmatisering in het veld beïnvloedt het gedrag van het individu, maar is niet enkel van het individu.

Voor de professioneel begeleider is het van belang om samen met de klant te zien waar de regie plaatsvindt over de identiteiten. In hoeverre heeft de cliënt zicht op deze identiteitendans? Wie heeft de regie, de zeggenschap over de diverse onderdelen in het geheel? Hoe gezond makend of ziekmakend is de manier van omgaan met deze identiteiten? Hoe vast of soepel beweegt de cliënt zich hierin? Hoe staat het met het gewaar zijn hieromtrent? En uiteraard, in deze dialogische setting van de professionele begeleiding: wat is de invloed van de begeleidingsrelatie zelf op de mate van regie die de klant ervaart? Welke oordelen van de klant, de begeleider en de context spelen er in deze relatie een rol? Wat betekent het zichtbaar zijn of zichtbaar maken van bepaalde interne diversiteiten? Welke mogelijkheden kan de cliënt ontdekken bij het inzetten van de identiteiten in contact met de wereld? Biedt de begeleidingsrelatie zelf hier voldoende ruimte voor? Is de begeleider zelf sturend of juist bang in het benoemen, aanraken en hanteren van bepaalde identiteiten?

14 Bij de TROS is een paar jaar een verkiezing gehouden voor mensen met een fysieke beperking. In Engeland is een verkiezing gehouden om vrouwen met een fysieke beperking te helpen model te worden, enzovoort. Bij deze laatste werden felle discussies gevoerd of vrouwen met een onzichtbare beperking wel een goed model kunnen zijn. Niet vanwege hun modellenuiterlijk, maar vanwege het niet zichtbaar zijn als gehandicapte.

Het ontwikkelen van gewaar zijn over deze vragen, kunnen zelfregie en eigen leiderschap stimuleren. De identiteitendans vindt steeds plaats binnen de wisselwerking van het gehele veld en dus ook in de begeleidingsrelatie. Het bevorderen van zelfregie binnen de begeleidingsrelatie is een belangrijk middel hierbij. De 'hier en nu begeleidingsrelatie' kan een belangrijke en respectvolle plek zijn om te oefenen, te experimenteren en ruimte te ervaren. Zo kan het gewaar zijn van de cliënt, over de mate van zelfregie binnen het gehele veld waarin deze zich bevindt, vergroot worden.

10.10 Stappenplannen en methodische reeksen

Stappenplannen en methodische reeksen kunnen behulpzaam zijn in de dienstverlening. Ze helpen de dienstverlener om efficiënter te werken en om na te gaan waar mogelijk zaken misgaan in de dienstverlening. Het volgende model ontwikkelde ik voor een vluchtelingenorganisatie. Het is een algemene methodische reeks met aandachtspunten voor het dialogische aspect.

De essentie van veel stappenplannen in de dienstverlening is samen te vatten in vier stappen: contact, onderzoek, doel en actie (ofwel CODA). Deze stappen kunnen worden onderscheiden maar staan niet los van elkaar: stap 4 heeft invloed op stap 1, en als stap 1 gezet wordt is er zeker ook al sprake van stap 3, enzovoort.

Een stappenplan maakt het praktische, soms uit automatismen bestaande, handelen bespreekbaar, overdraagbaar en daarmee geschikt voor reflectie voor de persoon zelf of in samenspraak met anderen. Een misvatting (of beter: valkuil) bij het hanteren en presenteren van dergelijke methodische reeksen is dat ze los komen te staan van de praktijk. Hierdoor worden ze voor de uitvoerder eerder een soort ballast in plaats van een praktisch hulpmiddel.

> De vluchtelingenorganisatie wilde een betere standaardisering van de dienstverlening. We ontwikkelden en introduceerden daarom het CODA-model. Bij de start ervoeren we weerstand bij de vrijwilligers (achteraf gezien terecht). Zij werkten vaak al jarenlang in de directe dienstverlening aan vluchtelingen en voelden zich daarin niet gezien. Toen we de werkwijze omdraaiden en begonnen met de vraag: 'Hoe hebben jullie het al die jaren gedaan?', konden we het CODA-model inzetten als manier van reflecteren en overdraagbaar maken van de door hen ontwikkelde werkwijze. Dit nam de weerstand grotendeels weg en zo konden zij zien dat

het model een hulpmiddel was om dat wat ze al deden te verbeteren en over te dragen. Het was niet meer een opgelegd theoretisch model. Jaren later ontdekte ik dat het model nog steeds gehanteerd werd, verder ontwikkeld was en ervaren werd als hulpmiddel en een vorm van standaardisering.

Een vrouw komt bij haar coach en zegt dat ze assertiever moet worden. De coach praat wat met haar en realiseert zich dat hij helemaal geen gebrek aan assertiviteit opmerkt. De vrouw blijft er echter bij dat ze assertiviteit nodig heeft. Een training rond kleuren en karakters met haar team had immers tot resultaat dat het hele team rood was (bijvoorbeeld ambitieus, snel, doelgericht) en zij als enige geel (bijvoorbeeld rustig, mens- en procesgericht). Onderzoek naar andere systemen geeft het volgende beeld. Ze is actief in de hockeysport, was een tijd aanvoerder, ze heeft twee jonge kinderen, is de oudste dochter in een gezin met drie kinderen, enzovoort. In de andere systemen is haar nooit gezegd dat ze niet assertief was. De coach gaat niet akkoord met de doelstelling, maar wil wel het traject aangaan. Ze komen uit op de vraag hoe komt het dat ze in de ene situatie assertief is en er in een andere situatie geen beroep op lijkt te kunnen doen. Hoe beschikbaar is de assertiviteit in diverse systemen?

Het is een misvatting om te denken dat de actie pas begint als de doelstelling is bepaald. De actie is al begonnen in of zelfs voor het eerste contact. Gedurende de actie is het van belang om steeds bezig te zijn met de vraag wie nu eigenlijk in actie moet komen. En of en op welke manier dit past bij de voorgaande stappen. (Hoe vaak zie ik niet hulpverleners, coaches en leidinggevenden die heel hard werken terwijl de hulpvrager, coachee of uitvoerende rustig achteruit zit?)
Om bij een dergelijk stappenplan in samenspraak te blijven, is evalueren belangrijk. Evalueren na afloop is aardig als check en informatie voor het vervolg, maar reflecteren gedurende het gehele proces biedt de mogelijkheid om steeds na te gaan hoe het proces verloopt en of het nog steeds past bij contact en doel.

Kernpunten
- Veel bekende begeleidingstheorieën zijn goed in te zetten in het kader van diversiteit, maar vragen wel creatieve afstemming.
- Ook zullen ze steeds gecheckt moeten worden op de achterliggende aannames, op onderliggende waarden en op hun oorsprong. Zijn ze niet te eenzijdig ingekleurd, zodat bepaalde groepen zich niet aangesproken voelen?
- Algemene methodieken zijn goed in te zetten als ze intensief, 'agressief' en 'discriminerend' worden onderzocht op hun toepasbaarheid.

Deel IV Werkvormen en oefeningen

11 Werkvormen

Voorafgaand aan het hoofdstuk met oefeningen (zie hfst. 12) eerst enkele werkvormen voor de coachingspraktijk.

11.1 Maskers van succes

De deelnemers maken op papier twee maskers: een voor binnen en een voor buiten. In een focusoefening wordt hun gevraagd zich te richten op hoe ze willen dat de buitenwereld hen ziet: 'Verplaats je in de werksituatie en bekijk eens hoe je er bij zit. Hoe is je houding, hoe zijn je ogen en je mond? Welke kleuren horen hierbij? Enzovoort. Neem het papier en probeer hier met kleuren vorm aan te geven. Focus je vervolgens op hoe je jezelf van binnen ziet. Welke kleuren en vormen gebruik je? Welke blik en welke houding heb je? Zet ook dit op papier. Laat deze twee maskers eens in dialoog gaan. Wat heeft het ene tegen het andere te zeggen en omgekeerd? Identificeer je hiervoor eerst met het ene masker en vervolgens met het andere.

> Een belangrijk en emotioneel inzicht tijdens een intervisiesessie met 'young professionals' was een man die doorkreeg hoe hij steeds bezig was een beeld te creëren waarvan hij dacht dat het door de omgeving gewenst was. Dit beeld was de succesvolle zakenman: hard, snel, gevat, zakelijk, ambitieus, enzovoort. Hij werd zich ervan bewust dat het hierbij vooral ging over zijn eigen invulling, zijn fantasie over de normen die vanuit het beroep, de beroepsgroep aan hem gesteld zouden worden. Gedurende de sessies probeerden we aandacht te geven aan zijn noodzakelijke maskers en vervolgens aan zijn behoeften. Het stilstaan bij interne beelden en daarmee bij zijn behoeften was voor deze man en deze groep nieuw en vreemd. Zij leken meer gericht op wie ze

> (moesten) zijn en hoe ze dat vorm konden geven, dan op het onderzoeken en uitgaan van behoeften.

11.2 Vier manieren van vertellen

Laat een deelnemer vertellen hoe succesvol hij is. Op verschillende manieren: trots, verlegen, pijnlijk en angstig. Vervolgens vraag je om figuurlijk op de stoel van een ander te gaan zitten (in onderstaand voorbeeld: een broer). Spiegel hoe de deelnemer het vertelt op de vier verschillende manieren.

> Een ontroerend moment was een vrouw die aangaf binnen haar familie niet trots te kunnen zijn op haar succes. Zij kocht liever geen dure dingen, uit angst dat familieleden, vooral haar jongere en minder getalenteerde broertje, haar dat kwalijk zouden nemen en zich minderwaardig zouden voelen. Na de oefening werd ze zelf vrolijk van de trotse variant van vertellen. Toen zij later een nieuwe dure auto kocht, was haar broer het meest trots.

11.3 Geleide fantasie en cadeau

Deelnemers gaan ontspannen zitten en volgen een ontspanningsoefening. 'Ga het hele lichaam langs en probeer elk deel van je lichaam te voelen en te ontspannen.' Daarna volgt de geleide fantasie: 'Ga naar een plaats waar je je prettig voelt wat betreft licht, koelte en warmte, rust en drukte, natuur of stedelijke omgeving, enzovoort. Zoek daar een plek waar je prettig staat of zit.
In de verte komt een figuurtje aanlopen. Als het dichterbij komt, blijkt het een jongen of meisje van een jaar of tien te zijn. Dan zie je dat het iets bij zich heeft. Het is een cadeau aan jou. Je bekijkt het en voelt eraan, speelt ermee of doet er iets anders mee. Bekijk en voel goed hoe het is om dit cadeau te krijgen. Je kunt het aan het eind van deze geleide fantasie neerleggen op een plek die je altijd kunt terugvinden. Kom terug in het hier en nu en schrijf eventueel kort iets van je ervaring op. Vertel de groep of enkele deelnemers wat het was dat je kreeg en welke betekenis dit voor je heeft.'

Aan de hand van deze oefening kwam een deelnemer tot een schokkende ontdekking: 'Ik ben klaar op mijn vierendertigste!' Hij had zichzelf in de fantasie een boek cadeau gedaan met daarin het verhaal van zijn leven. Het boek was af, maar bleek voor de helft lege pagina's te bevatten. Hij kwam met deze metafoor tot de ontdekking dat het leek alsof hij klaar was: een eigen bedrijf, een huis, auto, vrouw, vrienden waarmee hij op vakantie ging. Zijn droom was meer dan uitgekomen. Maar wat nu? We hebben met hem kunnen zien wat het betekent in deze positie te zijn, door zijn onvrede en tevredenheid naast elkaar te zetten.

11.4   Interne dialoog

Als er sprake is van een interne dialoog bij de klant, kun je die beide verhalen in de ruimte neerzetten. Hetzelfde geldt voor een projectie en introjecten, dus als je merkt dat de cliënt steeds bezig is met de boodschap die hij heeft meegekregen, bijvoorbeeld van huis uit. Laat de cliënt eerst in de eigen stoel zitten of op de eigen plek staan en vraag daar te benoemen wat hij wil zeggen en/of hoort. Vraag vervolgens of de cliënt op de plek wil gaan staan van de andere stem. Doe daar hetzelfde; spreek vanuit die stem. Laat hier een dialoog ontstaan waarbij vooral de verhalen van belang zijn. Niet de discussie, want die wordt al vaak intern gevoerd en is wel bekend.

Een man werd zich gedurende het coachingstraject bewust van het feit dat hij eigenlijk geen manager wilde zijn. Hij voelde zich beter thuis in onderzoek, maar had die functie verlaten om manager te worden. Dit bleek in sterke mate ingegeven door de wens van zijn vader. In een oefening plaatste ik zijn vader denkbeeldig achter hem, en liet hem door de ruimte lopen. De blik van zijn vader maakte het hem moeilijk zijn eigen weg te volgen.
Daarna vroeg ik of hij zijn vader beleefd wilde vragen naar een andere ruimte te gaan. Vervolgens vroeg ik hem weer te lopen. Maar het lukte nog niet: zijn vader bleek stiekem toch mee te kijken. Ik stelde voor zijn vader 'terug te halen' en tegen hem te zeggen wat hij te zeggen had. Met moeite kon hij uitbrengen: 'Ik ga mijn eigen weg. Dank voor je inspiratie en zorg'. Hij kon toen lopen door de ruimte zoals hij wilde.

De projectie werd niet weggewerkt door zijn vader buiten te sluiten, maar juist door hem te bedanken voor wat hij gedaan had en zelf de keuze te maken verder te gaan. Niet zijn vader hield hem tegen, maar zijn introject: 'Ik ben geen goede zoon als ik niet doe wat mijn vader graag wil.' De externe emotionele worsteling met zijn vader was tot een interne aanpassing vervormd waarvan hij zich nauwelijks meer bewust was. Zijn lichaam protesteerde wel, maar hij had zichzelf aangeleerd daar niet te veel naar te luisteren.

Oefeningen

Als slot van dit boek een aantal oefeningen die bruikbaar zijn in het kader van de beschreven theorieën. Pas ze toe, experimenteer en verander vooral daar waar nodig voor de eigen doelgroep.[15]

Oefening 1. De strategie van een uitzonderingspositie

DOEL
Zicht krijgen op de copingmechanismen van minderheden of mensen in een minderheidspositie.

DOELGROEP
Voor diverse groepen te gebruiken.

MATERIAAL
Schrijfmateriaal voor de deelnemers.

WERKWIJZE
Geef de groepsleden individueel de vraag mee: 'In welke situatie was je de enige of had je dat gevoel? Denk aan een sociale gebeurtenis met vrienden of familie, een verjaardag, uitgaan, een feest, enzovoort. Of aan het lid zijn van een vereniging of club, een levensbeschouwelijke organisatie. Een situatie op school, een vakantiereis of een baan.' Geef ze vervolgens de volgende vragen mee om even over na te denken en later uit te wisselen:
- 'Bedenk hoe je tot de ontdekking kwam dat je de enige was. Was dat meteen helder of pas na verloop van tijd?'
- 'Wat was je gevoel over jezelf en de omgeving toen je het ontdekte?'
- 'Hoe open of niet-open ben je hierover geweest?'
- 'Wat heb je gedaan om het wel of niet bekend te maken?'

15 Voor meer oefeningen zie Bos en Cense (2005).

Laat de deelnemers dit uitwisselen in groepen van drie tot vijf personen. Welke overeenkomsten en verschillen merken zij op?

EVALUATIE
Wat zijn copingmechanismen voor minderheden in groepen? Kun je verbinding maken met mensen in andere situaties en kun je dan iets van hun copingmechanismen herkennen?

Oefening 2. Lijnoefening

DOEL
Deelnemers laten ervaren hoe interne en externe boodschappen kunnen verschillen, zeker als het gaat om aspecten van hun beroepshouding.

DOELGROEP
Geschikt voor diverse doelgroepen, bij wie een beroepshouding nodig is die waarden en normen aantast van de sociale context (familie, vrienden, sociale en/of levensbeschouwelijke groep).

MATERIAAL
Een ruime zaal waarin je gemakkelijk een lange rij kunt maken met voldoende ruimte tussen de deelnemers.

WERKWIJZE
Vraag deelnemers op een rij te gaan staan in een bepaalde volgorde. Start met een neutrale indeling, zoals: 'Uiterst links sta je als je zegt: ik hou van harmonie. Uiterst rechts sta je als je zegt: ik hou van de confrontatie.' Vervolgens vraag je een rij te maken met de vraag: 'Waar moet je staan volgens je familie?' Dan: 'Waar moet je staan volgens je werkgever?' Daarna: 'Waar moet je staan volgens je klanten?' (Eventueel: 'Waar moet je staan volgens je vrienden?') Herhaal dit met meer gevoelige thema's, zoals trots zijn op culturele/etnische afkomst, uitkomen voor homoseksualiteit, hulp bieden bij euthanasie of geheim houden van criminele activiteiten van andere deelnemers.

EVALUATIE
Hoe is het om met je waarden en normen te moeten stoeien als je professionele houding strijdig is met je gevoelens en overtuigingen en/of met die van je sociale omgeving? Wat doe je hiermee?

Oefening 3. Kijken vanuit multi-perspectief

DOEL
Deelnemers laten ervaren dat ze niet dé werkelijkheid observeren maar hún werkelijkheid.

DOELGROEP
Geschikt voor diverse doelgroepen bij wie interne verschillen aan de orde zijn of juist genegeerd of ontkend worden.

MATERIAAL
Ruimte om te oefenen in rollenspel met observatoren.

WERKWIJZE
Kies een situatie, afhankelijk van de groep waarmee gewerkt wordt. Zet deze neer door bijvoorbeeld een rollenspel, casus of dvd-opname en laat deelnemers observeren en rapporteren wat ze waarnemen.
- Variatie 1. Neem een abstract of vaag beeld, zoals een foto, schilderij of beeldhouwwerk. Plaats dit voor de groep en laat de deelnemers opschrijven wat ze zien. Wissel daarna (eventueel eerst in kleine groepjes) uit wat waargenomen is en bekijk welke verschillen en overeenkomsten in observatie er zijn.
- Variatie 2. Draai een filmpje af over een bepaald thema. Deel de groep in diverse 'monosociale' groepen in (bijvoorbeeld naar geslacht, leeftijd, management of uitvoering, eerstelijns en tweedelijns, oudste en jongste van het gezin). Laat deelnemers hun waarneming eerst in hun eigen groep uitwisselen. Vervolgens gaan de groepen in groter verband bekijken welke overeenkomsten en verschillen er zijn.
- Variatie 3. Laat een rollenspel spelen over de communicatie tussen twee onderling verschillende personen (wat betreft geslacht, leeftijd of etniciteit). Laat het rollenspel bekijken door groepen die hetzelfde zijn ingedeeld als de beide personen in het rollenspel. Laat dan de overige deelnemers beseffen wat zij zien en ervaren en laat hen dat eerst binnen de eigen groep uitwisselen. Vervolgens bekijken de groepen in de grote groep welke overeenkomsten en verschillen er zijn in de observatie.

EVALUATIE
Wat betekent het dat er verschillen en overeenkomsten zijn in het observeren van de situaties? Welke aspecten kunnen van belang zijn

voor de werkwijze? Kunnen we de verschillen erkennen, dragen of gebruiken?

Oefening 4. Gezinspositie zoeken

DOEL
Deelnemers zicht laten krijgen op patronen die vanuit hun positie in het gezin van herkomst komen en hun ervaringen hierover uitwisselen.

DOELGROEP
Diverse groepen bij wie het van belang is om zicht te krijgen op eigen patronen in het werken met klanten (of klantengroepen).

MATERIAAL
Zaal met voldoende ruimte voor subgroepen.

WERKWIJZE
Vraag aan de groep wie de oudste is van een gezin, wie middelste en wie jongste. Laat die groepen bij elkaar zitten en stel ze de volgende vraag: 'Wat zijn jullie overeenkomsten en wat zijn jullie verschillen?' En daarna: 'Hoe kom je deze overeenkomsten en verschillen tegen in je beroep?' Laat de groep dit met elkaar bespreken.

TOELICHTING VOOR DE NABESPREKING
Oudste dochters en oudste zonen kunnen nogal verschillen. Zelfs al heeft een oudste dochter jongens boven zich dan nog heeft ze vaak veel verantwoordelijkheid overgenomen van vooral de moeder in het organiseren van het huishouden.
Verantwoordelijkheid is bij elke positie van belang. Ieder voelt zich verantwoordelijk voor iets, maar waarvoor en hoe varieert. Een oudste zoon wil vaak graag dat het goed gaat: ik moet een voorbeeld zijn. Hij kan zich ergeren en de positie opeisen of als het misgaat zich terugtrekken en het aan anderen overlaten. Middelste kinderen voelen zich vaak verantwoordelijk voor het samenhouden van het gezin, het verbinden, de harmonie. Opletten dat niemand er buiten valt. Middelste kinderen ervaren soms een tekort aan aandacht. De jongste voelt zich verantwoordelijk voor de goede sfeer, heeft de neiging gaten die er vallen op te vullen. Moet vaak staan voor plezier en luchtigheid in het systeem, maar draagt dat soms met zwaarte.
In grote gezinnen komen posities soms vaker voor in delen van het gezin. De oudste, middelste en jongste van de eerste groep en een-

zelfde indeling voor de tweede groep. De jongste groeit op in een ander gezin dan de oudste, ouders zijn meer van middelbare leeftijd, de oudste kinderen zijn/gaan de deur uit en werken al, hebben een relatie, enzovoort.

Het is belangrijk om helder te houden dat dit een van de brillen is om door te kijken. Het zijn geen waarheden; andere zaken in het gezin kunnen meer bepalend zijn, karakters geven verschillende invulling, de familiegeschiedenis kan bepalend zijn, het grotere familiesysteem kan invloed hebben, enzovoort.

EVALUATIE
Bekijk welke overeenkomsten en verschillen er zijn en hoe deze invloed hebben op het werk.

Oefening 5. In een model staan en dit ervaren

DOEL
Deelnemers de werking van een theoretisch model aan den lijve laten ervaren.

DOELGROEP
Diverse groepen met enig reflectievermogen. Kennis van of uitleg vooraf over het te gebruiken model is aan te raden.

MATERIAAL
Losse stukken karton of papier, waarop (sterk uitvergroot) de onderdelen van het model, worden neergelegd op de vloer. Voldoende ruimte om te kunnen bewegen binnen het model.

WERKWIJZE
Kies een theorie die je wilt behandelen in een groep of in individuele begeleiding, zoals de roos van Leary, het kwaliteitenkwadrant van Ofman, de ijsberg van McClelland of het supervisiemodel 'denken, voelen, handelen, willen'. Maak van het model een levensgrote versie op papier of op stukken karton. Leg dit op de vloer, geef zonodig uitleg over het model en nodig een deelnemer uit om te onderzoeken welke vraag bewerkt kan worden met dit model. De deelnemer gaat op een van de stappen van het model staan.

Bijvoorbeeld bij het kwaliteitenkwadrant: welke kwaliteit kent een deelnemer zichzelf toe? Laat de deelnemer op het karton van de kwaliteit staan en laat hem ervaren welke kwaliteiten hij dan bij zichzelf waarneemt. Laat hem een belangrijke kwaliteit uitkiezen om mee te werken en geef de ruimte om deze kwaliteit te ervaren. Laat de deelnemer vervolgens kijken naar de andere vlakken, zoals de valkuil en de allergie (de uitdaging komt vaak pas later aan bod, anders wordt het fantasie over wat iemand zou moeten doen). Welke van de twee trekt hem aan? Laat hem daarheen gaan en benoemen wat hij daar gewaar wordt. Ga zo ook andere vlakken langs en bekijk welke vlakken hij kan invullen en hoe hij dat ervaart. Bekijk of hij de woorden die bovenkomen kan verbinden met de centrale kwaliteit waaraan hij wil werken en laat hem kiezen welke past. Om dit goed passend te krijgen is vaak tijd nodig. Niet exact gekozen passende woorden werken vaak niet. Laat de deelnemer zo al ervarend komen tot een goede combinatie van uitdaging en kwaliteit.

Een variatie is om andere deelnemers te laten staan in de vier (of meer) posities van de roos van Leary. Kijk wat er met hen gebeurt als de deelnemer die aan het uitzoeken is waar hij kan staan verandert van positie.

Ook mogelijk is om de stadia van McClelland op een rij te leggen. Neem een vraagstuk waar de deelnemer mee worstelt en laat hem dit uitzoeken door langs de stadia te lopen. Als het om gedrag gaat bij de bovenste stap, als het over de context gaat buiten de stadia. Als het over identiteit gaat op identiteit, als het om familiewaarden gaat op familiewaarden, enzovoort. Kijk wat er al heen en weer lopend gebeurt met het vraagstuk, kijk naar de verbanden tussen onder en boven de waterspiegel. Laat de deelnemer ervaren wat er gebeurt in de diverse stadia met het vraagstuk en met hem als persoon.

EVALUATIE

Vaak is het gewaar worden al genoeg, maar voor de groep is het aardig om de verbinding van theorie en ervaren aandacht uit te leggen. Belangrijk is dat er geen interpretaties van anderen gegeven worden over degene die het uitzoekt.

Oefening 6. Werkvragen opstellen

DOEL

Non-verbaal helder krijgen van werksituaties, posities, aandachtvragen, energievreters, enzovoort.

DOELGROEP

Diverse groepen met zowel praktisch lerende mensen als reflecterende personen.

MATERIAAL
Stoelen, poppetjes, kussens, enzovoort.

WERKWIJZE
Geef een werkvraag op en werk deze uit met symbolische objecten (zoals poppetjes, stoelen, kussens, vellen papier) in de ruimte. Kies voor jezelf een object en vervolgens ook voor de deelnemers. Vervolgens voor de organisatie, mogelijk voor een klant, voor belangrijke mensen die invloed hebben op iemands situatie. Creëer zo een veld waarin je met de objecten gaat bewegen. Zet eerst alles eens op de juiste afstand van elkaar, zoals de situatie nu is. Kijk wat dicht bij elkaar staat en wat ver van elkaar af. Wat is de richting waarin de objecten geplaatst moeten worden? Welke coalities zijn er?
Bij stoelen en kussens kun je gaan staan op de plaats van de objecten om te bekijken welke plaats welk verhaal heeft. Wat is een prettige plek en wat een 'energievretende' plek? Wat gebeurt er als je de compositie verandert? Zo kun je bij elk object, elke afstand en elke positie stilstaan en je gewaar worden van de dynamiek. Probeer dit zoveel mogelijk non-verbaal te doen en blijf in het verhaal zoals het hier staat. Dus niet naar het verhaal 'daar' maar naar het gewaar zijn hier.
Probeer eens te experimenteren, bijvoorbeeld door het anders neer te zetten of ergens anders te gaan staan. Hoe is dat? De regie ligt steeds bij degene die opstelt. Vraag als begeleider alleen hoe dat is en geef geen interpretatie of invulling. Doe dat hooguit als experiment, waarbij de opsteller aangeeft of het klopt.

EVALUATIE
Hoe is het om dit zo op te stellen? Wat merk je? Wat wil je zo houden en wat zou je willen bewegen?

Oefening 7. Top-10 van normen

DOEL
Het voeren van een discussie over normen en waarden, zodat deelnemers zich meer bewust worden van hun eigen rangorde hierbij.

DOELGROEP
Diverse groepen.

MATERIAAL
Papier en pen, flipover of bord.

WERKWIJZE
Maak individueel een top-10 van persoonlijke normen (of andere die bij de werksituatie passen). Ga met twee of drie mensen samen zitten en kom tot een gemeenschappelijke top-5 of top-10. Verander zonodig de formulering. Maak vervolgens een top-5 of top-10 met ongeveer tien mensen en ten slotte een lijst met de hele groep. Bekijk met elkaar wat je wilt inleveren en wat niet. Wat is een waarde of een diepe overtuiging waarover je echt niet wilt onderhandelen en waarbij kan dat wel?

EVALUATIE
Kijk samen welke normen er uit komen en welke waarden hier achter liggen. Bij een team uit een organisatie kun je bekijken wat dit betekent voor de bedrijfscultuur.

Oefening 8. Invloedsladder

DOEL
Deelnemers laten ervaren welke invloeden er in de groep spelen. Ze verkennen diverse posities in de groep en kennen daar een waarde aan toe.

DOELGROEP
Diverse groepen, zowel met praktisch lerende mensen als reflecterende personen.

MATERIAAL
Geen.

WERKWIJZE
Vraag voor de 'opwarming' de groep op een lijn te gaan staan van groot naar klein. Vraag vervolgens om op een lijn te gaan staan van oud naar jong, zonder hierover te spreken. Dit kan herhaald worden met diverse thema's. Laat dan twee deelnemers de zaal uitgaan en bedenk een thema. De deelnemers komen terug en moeten raden welk thema nu in volgorde staat.
Vraag de groep nu om non-verbaal een plaats in te nemen in een rij die van 'veel invloed in de groep' gaat naar 'weinig invloed in de groep'. Vraag, als de groep er uit is, in hoeverre men het ermee eens is. Enkele deelnemers mogen de rij veranderen, zonder te zeggen waarom. Bekijk nu eens aan de hand van welk criterium zij de groep zo neergezet hebben (zoals macht, humor, sociaal, kennis, ervaring, grote mond).

Persoonlijke normen	Diep	Midden	Oppervlakkig
Het gevoel iets tot stand te hebben gebracht in financieel of zakelijk opzicht			
Optimaal gebruik maken van je potenties			
Een wijs persoon worden			
Avontuur zoeken			
Delen van genegenheid			
Familie komt op de eerste plaats			
Goed met anderen samenwerken			
Creativiteit			
Zekerheid			
Geld verdienen, rijk worden			
Erbij horen, met anderen meedoen			
Respect voor ouderen			
Zelfrespect			
Familiegeluk gaat boven eigen geluk			
Verantwoordelijkheid dragen			
Levensbeschouwelijke ideeën hebben			
Van betekenis zijn voor anderen			
Plezier maken			
Ordelijkheid			
Vriendschap			
Gezondheid			
Onafhankelijkheid			

EVALUATIE

Bekijk eens met de groep welke cultuur er in de groep is. Welke waarde kent men toe aan de groepsleden? Hoe ziet de invloedsladder er uit? Hoe tevreden is men met deze cultuur?

Literatuur

Bateson, G. (1979). *Steps to an ecology of the mind*. New York: Dutton.
Bos, M. (2006). *Contact voor bij de grens. Gestalttherapie met mensen die een achtergrond hebben in een tweede- of derde-wereldland.* (Thesis voor Middlesex University.) Amsterdam: Nederlandse Stichting Gestalt.
Bos, M. (2009). Gestalt en culturele diversiteit. In P. Derkinderen, E. Knijff & S. Meijer (red.), *Praktijkboek gestalt.* Utrecht: De Tijdstroom.
Bos, M., & Cense, M. (2005). *Trainen over diversiteit.* Utrecht: Movisie.
Cornelis, A. (1999). *De vertraagde tijd.* Amsterdam: Essence.
Dijk, R. van (2004). Cultuur als fremdkorper in de gezondheidszorg? *Cultuur Migratie Gezondheid, 6,* 2-13.
Dijkstra, S. (1996). *Bij stukjes en beetjes.* Utrecht: Movisie.
Foucault, M. (1980). *Te elfder ure.* Nijmegen: SUN.
Frijda, N.H. (1988). *De emotie.* Amsterdam: Bert Bakker.
Gleijm, H. (1986). *De krabbenmand en de piklijn. Over dynamica tussen mannen en vrouwen.* Rotterdam: MV-Management.
Knoope, M. (1998). *De creatiespiraal.* Nijmegen: KIC.
Levine Bar-Yoseph, T., e.a. (2005). *The bridge: Dialogues across cultures.* Metairie, LA: Gestalt Institute Press.
Loo, J. van der (1994). *Hulpverlening aan jongens. Een seksespecifieke benadering.* Utrecht: Soman.
Mahbubani, K. (2008). *De eeuw van Azië.* Amsterdam: Nieuw Amsterdam.
Mernissi, F. (1994). *Het verboden dakterras.* Breda: De Geus.
Ofman, D.D. (1997). *Bezieling en kwaliteit in organisaties.* Utrecht: Servire.
Perls, F. (1969). *Ego hunger and aggression.* New York: Vintage Books.
Perls, F., Goodman, P., & Hefferline, R.F. (1974). *Ken uzelf.* Den Haag: Bert Bakker.
Pinto, Y., & Pinto, D. (1994). *Interculturele conflicten. Theorie en praktijk.* Houten/Zaventem: Bohn Stafleu van Loghum.
Polster, E., & Polster, M. (1974). *Gestalt therapy integrated: Contours of theory and practice.* New York: Vintage Books.
Prins, B. (2004). *Voorbij de onschuld, het debat over integratie in Nederland.* Amsterdam: Van Gennep.
Rahimy, T. (2008). *Ooggetuigen.* Rotterdam: Trichis.
Schippers, J. (1997). *Liever mannen.* Amsterdam: Schorer Stichting.
Siemens, H. (2006). *De praktijk van de gestalttherapeut.* Amsterdam: Nederlandse Stichting Gestalt.
Spagnuolo Lobb, M., e.a. (2003). *Creative license: The art of gestalt therapy.* Wien/New York: Springer Verlag.
Tennekes, J. (1995). *Organisatiecultuur, een antropologische visie.* Apeldoorn Leuven: Garant.

Vogelezang, H., & Hagenmans, T. (2003). *Service management. De sociale constructie van diensten*. Soest: Nelissen.

Wekker, G., e.a. (2001). *Caleidoscopische visies*. Amsterdam: KIT.

Wlodkowski, R.J., & Ginsberg, B. (1995). *Diversity and motivation*. San Francisco: Wiley & Sons.

Wollandts, G. (1998). 'Psychopathologie': pathologie van het wisselwerkend veld is Gestalt. *Tijdschrift voor Gestalttherapie*, 5, 5.

Yontef, G.M. (1993). *Awareness dialogue and process. Essays on gestalt therapy*. Highland, NY: Gestalt Journal Press.

Youthspot (2009). *Jongerenwerk en homoseksualiteit. Methodiek en omschrijving dialoogproject*. Amsterdam: Hogeschool van Amsterdam.

Over de auteur

Marten Bos (1955) is zelfstandig coach, trainer en supervisor te Amsterdam. Hij is tevens docent aan de coach- en supervisieopleiding te Den Haag.

Bos is bij de LVSC geregistreerd als supervisor, leersupervisor en docent supervisiekunde en bij de Stichting Coach! als coach. Tevens rondde hij de post-hbo-opleiding voor gestalttherapie af en werd 'master of science' aan de Universiteit van Middlesex.

In zijn praktijk werkt Marten Bos voor het bedrijfsleven en non-profitorganisaties. Hij deed in het verleden veel ervaring op met hulpverlening aan onder anderen mensen met een verstandelijke beperking, jongens en mannen van Marokkaanse afkomst, jeugdige gedetineerden en verslaafden.

www.martenbos.nl

GPSR Compliance
The European Union's (EU) General Product Safety Regulation (GPSR) is a set of rules that requires consumer products to be safe and our obligations to ensure this.

If you have any concerns about our products, you can contact us on

ProductSafety@springernature.com

In case Publisher is established outside the EU, the EU authorized representative is:

Springer Nature Customer Service Center GmbH
Europaplatz 3
69115 Heidelberg, Germany

www.ingramcontent.com/pod-product-compliance
Ingram Content Group UK Ltd.
Pitfield, Milton Keynes, MK11 3LW, UK
UKHW051116200426
11947UKWH00038B/1645